Armin Göpfert

**Lullus, der Nachfolger des Bonifatius im Mainzer Erzbistum**

Armin Göpfert

**Lullus, der Nachfolger des Bonifatius im Mainzer Erzbistum**

ISBN/EAN: 9783743433977

Hergestellt in Europa, USA, Kanada, Australien, Japan

Cover: Foto ©Lupo / pixelio.de

Manufactured and distributed by brebook publishing software
(www.brebook.com)

Armin Göpfert

**Lullus, der Nachfolger des Bonifatius im Mainzer Erzbistum**

# Lullus,

## der Nachfolger des Bonifatius im Mainzer Erzbisthum.

---

## Inaugural-Dissertation,

zur

Erlangung der Doctorwürde

bei der

## philosophischen Facultät

der

## Universität Leipzig

eingereicht von

## Armin Göpfert.

Druck von Oskar Leiner in Leipzig.

Geht man bei dem Studium der Geschichte von dem Grundsatze aus, die Geschichte verstehen und erklären, nicht aber sie meistern zu wollen, ist man durchdrungen von dem Gedanken, daß die Geschicke der Menschen, sowohl der Völker als der Einzelnen, planmäßig geordnet sind, so hat man eine feste Stütze, die sich bei den schwierigsten Verhältnissen bewährt. Man wird sich fern halten von der pessimistischen Anschauung, welche in allen Perioden nur die verderbten Zustände erkennt und deren Folgen ins Licht stellt, man wird sich aber auch gleich weit entfernt halten von der Weise, alte Zustände auf Kosten späterer ungebührlich zu verherrlichen. Auch die schlimmsten Zeiten erscheinen dann · als nothwendige Durchgangsstadien in der Entwicklung der Menschheit, die ihre wichtige Aufgabe erfüllten, und auch die blendendsten Perioden der Geschichte zeigen bei genauer Betrachtung ihre Mängel. Nicht darf man glauben, als ob bei dieser Art der Geschichtsbetrachtung die Verantwortlichkeit der Einzelnen oder die ganzer Völker verneint werde, als ob man einfach alles, was sich ereignet habe, als nothwendig gut heißen müsse, sondern die Beurtheilung jeder Person, jeder Thatsache behält ihre Rechte. Der schlechte Charakter bleibt schlecht, verderbte Zustände bleiben verderbt, aber ein anderer Gesichtspunkt als der ausschließlich ethische eröffnet sich dem, welcher die Entwicklung des Ganzen ins Auge faßt. Das Einzelne kann der Mensch beurtheilen, das Ganze bemühe er sich zu verstehen.

Um aber das Verhältniß des Einzelnen zum Ganzen aufzufassen, erforsche man zunächst genau das erstere. Auch die folgenden Seiten mögen dazu beitragen.

Bonifatius und seine Zeit, Gegenstand so vieler gründlichen Forschungen, ist noch immer am treffendsten aufgefaßt nach allen seinen

1*

Beziehungen von Rettberg in seiner Kirchengeschichte Deutschlands[1]), und wenn auch Einzelheiten, besonders des Bonifatius Stellung zu Pippin später richtiger gestellt wurden, so vermochten dieselben doch an der Auffassung des Ganzen nichts zu ändern.

Nur andeutungsweise dagegen und nicht im Zusammenhang sind bis jetzt die Verhältnisse, welche sich in den zwischen Lullus und seinen Zeitgenossen gewechselten Briefen abspiegeln, dargestellt. Nicht als ob die Gestalt des Lullus eine große weltgeschichtliche Bedeutung hätte, dieselbe tritt aber in den Vordergrund, weil eben jene Brief= sammlung auf uns gekommen ist, und weil Lullus der Nachfolger eines Bonifatius war. Denn der Liebling des Bonifatius, der dessen ganzes Vertrauen besaß, den sich der große Mann selbst zum Nach= folger bestimmte, muß auch nach irgend einer Seite hin hervorragend gewesen sein[2]). Ist Bonifatius zugleich eine große Gestalt der Welt= geschichte, so hat sein Nachfolger, wie die folgenden Seiten zeigen werden, fast ausschließlich für die Geschichte des Ausbaues der deutschen Kirche Wichtigkeit. Wenig ist zu sagen über seine Theilnahme an der Politik jener Tage, nicht sind zu verzeichnen Maßnahmen folgenschwer für die spätere Zeit; desto mehr zeichnete sich Lull durch seine kirch= lichen Schöpfungen, durch seine Thätigkeit und Gesinnungstüchtigkeit in religiöser Hinsicht aus.

Trotzdem hat Lullus nicht wie sein Zeitgenosse (und in mancher Beziehung Rival) Sturm einen Biographen gefunden; denn die un= bedeutende[3]) Lebensbeschreibung eines ungenannten Hersfelder Mönchs aus dem 11. Jahrhundert[4]) ist kaum zu rechnen.

Ein Landsmann, wenn auch kein Verwandter des Bonifatius wurde Lull in den ersten Jahren des 8. Jahrhunderts in England geboren. Die größte Wahrscheinlichkeit hat das Jahr 705 als Geburts= jahr, denn Lullus nennt sich selbst in Beziehung auf seinen im Jahre

---

[1]) Eine gründliche Umgestaltung der Ansichten desselben ist bis jetzt nur noch hoffend in Aussicht gestellt in Böhmers Regesten der Erzbischöfe v. Mainz 742?—1160, ed. C. Will, Innsbruck 1877: Einleitung I.
[2]) Vgl. Will, Regesten, Einl. XIV.
[3]) Vgl. Mabillon Acta SS. Ben. III, 2, p. 392.
[4]) Acta SS. Boll. 16. Oct. VII, 2. p. 1083—1091; nur ein Auszug daraus ist die kurze vita p. 1052 (vgl. Abel, Karl d. Gr., in den Jahrbb. der d. Geschichte, S. 157 N. 4). Wohl zu benutzen ist aber die Abhandlung von Vandermoere und Vanhecke ib. p. 1050 squ., wenn dieselbe auch auf dem Standpunkt der vita steht, d. h. wie jene Lull hinsichtlich seiner Heiligkeit, zumal Sturm gegenüber, zu rechtfertigen sucht.

701 geborenen[1]) Freund Gregor v. Utrecht aetate iuniorem[2]); ein
späteres Jahr aber ist kaum anzunehmen, da man sonst zu stark in
Collision mit dem Jahre seiner Weihe zum Bischof kommt. Denn
wenn auch die Vorschrift, nur mit 50 Jahren könne ein Geistlicher die
Bischofsweihe erlangen, nicht immer befolgt wurde[3]), so zeigt doch die
Weigerung des Bonifatius Willebrord gegenüber[4]), die von dem Biographen ausdrücklich hervorgehoben wird, daß man gerade zur Zeit
des Bonifatius und Lullus von jener Bestimmung sich nicht gern
allzuweit entfernen mochte. Und rechnet man auch von dem Jahre 705
an, so zählt Lullus erst 48 Jahre bei seiner Bischofsweihe.

Sein Vater war ein wohlhabender Mann. Doch der Sinn des
Sohnes stand nicht nach irdischem Gut und vielen Sclaven, denn auch
ihn hatte der damals in England waltende Glaubenseifer ergriffen.
Er widmete sich dem geistlichen Stand und schenkte seinen Sclaven mit
Bewilligung seines Vaters die Freiheit[5]), wenn sie auch immer in
einem pietätvollen Unterthanen-Verhältniß zu ihrem früheren Herrn
blieben[6]).

In Maldubia (Malmersburg), der Bildungsstätte eines Aldhelmus
und Wilhelm[7]), reifte Lull heran. Er war ein Liebling seines Abtes
Eaba, der ihn mit dem Schmeichelnamen Lytel (littel, parvus) zu rufen
pflegte[8]). Auch er hat wohl, wie es damals Sitte war, sich vorzüglich
mit dem Lesen und Einprägen der Psalmen und vor allem der Evan-
gelien beschäftigt, auch wohl die Lektüre der andern Schriften des
alten und neuen Testamentes, wenn auch nur vielleicht der wichtigeren,
eifrig betrieben[9]). Auch erlangte man in den angelsächsischen Klöstern,

---

[1]) Will, Einl. XIV; Gregor starb am 25. Aug. 775 (Abel, Excurs II,
vgl. Rettberg 2, S. 533). Liudger bei Mab. l. c. p. 332 giebt an, daß
Gregor im Alter von fast 70 Jahren krank geworden und nach dreijähriger
Krankheit gestorben sei. Nimmt man mit Will 704 als Geburtsjahr an, so
würden 71 Lebensjahre (704—775) ungefähr mit Liudgers dum ... prope
iam ad septuaginta annorum aetatem.... pervenirct; adfuit dies (molestiae)
und tribus enim annis ante obitum suum, arreptus est illa infirmitate
stimmen. Auf jeden Fall ist die Berechnung Rettbergs (2, S. 531 ff.), der
707 als Geburtsjahr Gregors annimmt, nicht zutreffend, schon aus dem Grunde,
weil Lulls Geburtsjahr dann viel zu spät angesetzt werden müßte.
[2]) Jaffé, bibl. rer. Germ. III, monumenta Moguntina, ep. 111, p. 271.
[3]) A. SS. Boll. 16. Oct. VII, p. 1061.
[4]) Willibaldi vita S. Bonifatii bei Jaffé l. c., p. 447.
[5]) Wenigstens wird uns dies von zweien berichtet.
[6]) Jaffé, ep. 41, p. 110; vgl. Rettberg 2, S. 736.
[7]) Lappenberg, Gesch. v. England, 1, S. 260.
[8]) Jaffé, ep. 133, p. 300; vgl. Rettberg 1, S. 573.
[9]) Vgl. vita Sturmii bei Mab. l. c., p. 270.

wie uns **Willibald**, der Biograph des Bonifatius, erzählt [1]), Kenntniß der Schriften, die zum Preise der Märtyrer verfaßt waren, und außerdem wurde nicht versäumt, die Zöglinge in der Grammatik, Metrik und der Kunst, seine Gedanken in gewählter Form darzustellen, zu üben [2]).

Unter solchen Uebungen, zu denen sich wohl allmählich auch praktische gesellten [3]), wuchs Lull heran. Da erging an ihn der Ruf des Bonifatius, herüber nach Deutschland zu kommen, um an der Missionsarbeit Antheil zu nehmen. Denn es fehlte demselben an Männern, die seinen religiösen Ansichten entsprachen [4]); noch später sind einem Priester mehrere Kirchen anvertraut [5]), während in England ein Ueberfluß von Geistlichen vorhanden war, sodaß ein Presbyter Vigberht [6]) sogar Missionäre zur Bekehrung der Sachsen anbietet. Auch Chunihilt, Lulls Taute mütterlicherseits, sowie deren Tochter Berthgit [7]) wurden von Bonifatius veranlaßt, nach Deutschland zu kommen. An England fesselten Lull keine Verwandte; Vater und Mutter waren ihm gestorben [8]), und der spätere Bischof von Wessex Cyneardus [9]) sowie Hrothnin [10]) waren wohl nur weitläufig mit ihm verwandt, darum leistete Lull, jedenfalls schon als Diacon [11]), etwa im Jahre 725 [12]) jenem Rufe Folge [13]). Und bewundern müssen wir ihn wie alle jene Missionäre, die in selbstloser Hingabe an die heilige Idee, auch andere Völker durch die Heilslehren zu beglücken, hinüber in das fremde Land zogen, der Entbehrungen nicht achtend, die ihrer harrten [14]). Erscheint auch dieser Missionseifer von der ganzen damaligen

---

[1]) Jaffé, p. 437.

[2]) ib. p. 435; vgl. Lappenberg 1, S. 259 u. Rettberg 2, S. 798.

[3]) Vita Bonifatii v. Willibald, bei Jaffé p. 437.

[4]) Vita Bonifatii v. Othlon, bei Jaffé p. 490; vgl. Rettberg 1, S. 323 und 346.

[5]) Jaffé, ep. 114, p. 280.

[6]) ib. ep. 136, p. 304.

[7]) Othlon, l. c., p. 490.

[8]) Jaffé, ep. 41, p. 109.

[9]) Jaffé, ep. 110, p. 269.

[10]) Wenn man mit Rettberg 1, S. 574 an dem „quondam" cognatus (ep. 137, p. 306) keinen Anstoß nimmt.

[11]) Keinesfalls noch sehr jung, wie Piderit, Denkwürdigkeiten von Hersfeld, S. 8 will, denn Bonifatius brauchte Leute, welche ihn in seiner Arbeit unterstützen konnten, nicht solche, welche selbst der Belehrung bedurften; vgl. Acta SS. Boll. 16. Oct. VII, p. 1055.

[12]) Acta SS l. c.

[13]) Jaffé, ep. 41, p. 109.

[14]) Vgl. Jaffé, ep. 108, p. 261 s.

englischen Kirche und der gesammten Richtung des Zeitalters getragen, so sind doch für unsere Augen so wenig irdische Beweggründe erkennbar, daß unsere Bewunderung um nichts gemindert wird.

Lull, mit Freuden von Bonifatius empfangen, unterzog sich gern, um Mitarbeiter desselben zu werden, der mönchischen Regel, nach welcher Bonifatius selbst lebte [1]. Nicht erst Chrodegang war es also, der seine Kleriker durch klösterliche Formen zu vereinen strebte. Wenn vielleicht auch nicht in so ausgesprochener und für die Dauer bindender Weise, so hatten doch wohl alle höheren Kirchenbeamten bestimmte Einrichtungen, denen sich ihre geistlichen Gehülfen unterwerfen mußten. So versprachen sogar Lull und einige Genossen der Aebtissin Cuneburga: falls sie je wieder nach England kämen, würden sie sich ihren Einrichtungen und Bestimmungen unterwerfen [2]. Chrodegangs Verdienst besteht also nicht in der Aufstellung neuer Regeln für den Umgang des Bischofs mit seinen Geistlichen, sondern nur darin, daß er schon herrschenden Gedanken den passendsten Ausdruck gegeben hat [3].

Trotz des Reizes der neuen Verhältnisse hat wohl im Anfang manchmal Lull und seine Genossen — zusammen mit Lull scheint ein gewisser Denhardus (möglicherweise der später [4] erwähnte Priester in Thüringen) und der nachmalige Bischof von Würzburg Burghard zu den deutschen Völkern gekommen zu sein — das Heimweh befallen, und eine solche Stimmung war es wohl, in welcher er mit jenen beiden Genossen an eine ihnen liebe Aebtissin, die erwähnte Cuneburga, jenen Brief richtete, aus dem die Hoffnung, die brittische Erde wiederzusehen, hervorleuchtet. Doch nicht trübe Schwermuth ist es, wozu ihn dieses Heimweh verleitet, sondern Lull weiß das rechte Mittel zu finden, trübe Gedanken zu bannen, er bittet einen Freund, ihm „zum Troste seines Aufenthaltes in der Fremde" Bücher aus der Heimat zu schicken, welche Aldhelmus verfaßt habe [5]. In dem Vaterlande Bedas wurde in der damaligen Zeit manche schriftstellerische Arbeit gefertigt, auch Gedichte pflegte man zu schreiben und benützte als Vorlagen wohl meist die Dichter der späteren Zeit, wie Auson [6], welche mit ihrer

---

[1] ... usque in venerandi archiepiscopi Bonifatii monasticae conversationis regula suscepti ipsiusque laboris adiutores sumus ... Jaffé, ep. 41, p. 109; ebenso scheint die Stelle aufgefaßt: Acta SS. l. c., p. 1054.

[2] Jaffé, ep. 41.

[3] Vgl Rettberg 1, S. 495 und 2, S. 662.

[4] Jaffé, ep. 116, p. 281.

[5] Jaffé, ep. 76, p. 215.

[6] Jaffé, ep. 76, p. 215 u. 2.

pomphaften Sprache, mit den bald zierlichen, bald schwülstigen Wendungen am meisten der englischen Denk= und Schreibweise [1] ent= sprachen. Um eine Bitte würdig auftreten zu lassen, schreibt man einen ganzen Brief von mehreren Seiten. Ja, es scheint damals zum guten Ton gehört zu haben — wurde es doch auch in den Schulen geübt —, geschrobene Gedanken und Worte in den Briefen anzuwenden, sonst würde Lull das eine Mal [2]) nicht nöthig gehabt haben, Gott zum Zeugen seiner wahren, liebevollen Gesinnung aufzurufen, um den Schein der Schmeichelei zu vermeiden. Doch dieses Haschen nach Formen kann uns nicht wundern in einem Jahrhundert, in welchem die geist= lichen Schulen die lateinische Sprache als die der Kirche wieder zu Ehren zu bringen und auszuschmücken bemüht waren.

Auch bricht wohl durch den Wust von Höflichkeiten und bescheidenen Redensarten der feste, fromme Sinn, welcher allein im Stande war, in jener Zeit Dauerndes zu wirken, der Sinn, welcher die Welt und ihre Güter gering schätzt und bereit ist, alles für das Jenseits hinzu= geben [3]). Dabei hie und da ein selbstgefälliges Beschauen der eignen Frömmigkeit, die „Gottes halber [4])" alle Drangsale ertrug und sogar diejenigen gering schätzen konnte, welche Bischöfe wurden, als hätten sie nach irdischem Besitz getrachtet [5]). Im Uebrigen zeichnen sich die Briefe des Lullus beziehentlich der Schreibweise vortheilhaft vor den andern aus. Alle jene Briefe haben aber eine gewisse Schwerfälligkeit im Ausdruck, von welcher z. B. sehr absticht ein Brief des römischen Archidiakonus Theophilacias, vielleicht des in epistola 11 [6]) erwähnten Oheims von Lull, der in fließender, gewandter Weise bei Bonifatius Lull, der unterdessen vom Diacon zum Archidiacon aufgestiegen war [7]), außerordentlich — Rettberg meint fast kriechend — lobt und empfiehlt. Jedenfalls hatte sich Lull, der Bote des Bonifatius, durch die Einfachheit und Wahrheit seiner Gesinnung, die wohl in Rom ungewöhnlich sein mochte, und durch die geschickte, treue Ausführung

---

1) Vgl. Lappenberg, Gesch. v. England, 1, S. 260.
2) Jaffé, ep. 111, p. 271.
3) Jaffé, ep. 111, p. 271 s.
4) ib. p. 273.
5) ib. p. 274; vgl. Oelsner, König Pippin, in den Jahrbb. d. d Gesch., Seite 46.
6) Jaffé, p. 110; vgl. Rettberg 1, S. 404 u. 574
7) Jaffé, ep. 76, p. 215 u. ep. 78, p. 217.

seiner Aufträge ein gutes Andenken bei manchem, so auch bei Theophi=
lacias, der ihn seinen liebsten Genossen nennt, erworben [1]).

Ist die Vermuthung Rettbergs richtig, daß des Theophilacias
Empfehlungen auf die Erwählung Lulls zum Nachfolger des Bonifatius
im Bisthume Mainz berechnet waren, — und nichts spricht dagegen —
so kann jene Reise Lulls nach Rom, von welcher er den Brief des
Theophilacias mitbrachte, nicht allzulange vor dem Jahre 751 statt=
gefunden haben, in welchem Lull zum zweiten Male, als Presbyter,
die Aufträge seines Erzbischofs in Rom besorgt. Denn 739 befindet
sich Bonifatius zum dritten Male in Rom [2]) und setzt es bei Gregor III.
durch, daß ihm ein Presbyter zum Nachfolger bestimmt wurde, diesen
aber muß Bonifatius fallen lassen, da ein Bruder desselben den Onkel
eines Frankenfürsten tödtet [3]). Darauf sendet Bonifatius an den Papst
einen Brief, in welchem er bittet, einen anderen Presbyter wählen zu
dürfen, aber der Papst schlägt die Bitte ab [4]), er solle sich einen Nach=
folger wählen, wenn er das Herannahen seines Endes fühle. Alle
diese Ereignisse: der Todtschlag, die Sendung des Bonifatius, die
Antwort des Papstes beanspruchen doch mehrere Jahre [5]), und auch
dann ist noch von keinem Nachfolger die Rede, sondern erst „beim
Herannahen des Todes" solle Bonifatius an einen solchen denken.
Aus diesen Gründen fällt der Brief des Theophilacias in die Jahre
742—750 [6]), wahrscheinlich in die spätere Hälfte dieses Decenniums [7]).
Dann wurde auch Lull nicht allzulange vor 751 Presbyter, jedenfalls
in der Zeit zwischen der Abgabe des Theophilacischen Briefes und dem
Jahre 751 [8]).

In diesen Jahren trat Lullus seinem Erzbischof vor allen aus

---

[1]) Vgl. Rettberg 1, S. 404 u. 574; Oelsner a. a. O., S. 38.

[2]) Rettberg 1, S. 348.

[3]) Jaffé, ep. 42, p. 114.

[4]) ib. ep. 43, p. 120; vgl. Rettberg 1, S. 392 f.

[5]) ep. 43, die Antwort des Papstes gehört jedenfalls (vgl. Hahn, in d.
Forschgg z. d. G. XV, S. 53 ff.) dem Jahre 742 an.

[6]) Jaffé will 732—751.

[7]) Dafür spricht noch folgende Erwägung: ep. 66, p. 184, in welcher
Bonifatius endlich die Erlaubniß von Zacharias erhält, sich einen Nachfolger
zu wählen, fällt (vgl. Hahn, a. a. O., S. 93) wohl in den Sommer 747. Erst
nach dieser Zeit vermuthlich hat Theophilacias an eine Befürwortung der
Wahl Lulls gedacht, also würde auch die Reise des letzteren nach dem Jahre 747
stattgefunden haben und die Zeit für Abfassung des Briefes 78 sich auf die
Jahre 748—750 beschränken. Vgl. auch Acta SS, p. 1057.

[8]) Vgl. Rettberg 1, S. 574, woselbst auch die Unmöglichkeit, daß Lull
schon 748 Bischof gewesen, nachgewiesen wird.

England Herübergekommenen immer näher. Er war wohl meist, auch auf den Concilien, um ihn und suchte ihn, wie im Streite mit Aldebert, durch seinen Rath zu unterstützen [1]). Zu den wichtigsten Geschäften benutzte Bonifatius denselben, ihm vertraute er im Jahre 751, wie schon erwähnt, eine Sendung an den Papst Zacharias mit gewissen Geheimnissen, die nur für letzteren bestimmt waren, und nicht nur bestand dieselbe aus schriftlichen, sondern auch aus mündlichen Aufträgen. Aber noch größer zeigt sich das Vertrauen des Bonifatius, indem er seine eigensten persönlichen Angelegenheiten dem Papst durch den Mund seines Boten übermittelt und um Antwort auf dieselbe Weise bittet [2]). Der Papst sendet Antwort durch den „frommen" Priester des Bonifatius [3]), und Lullus tritt in schon vorgerückter Jahreszeit, im November 751 [4]), die Rückreise an. Daß die beiden Reisen Lulls nach Rom für ihn selbst höchst wichtig waren, ist selbstverständlich, wurde er doch mit manchem bedeutenden Manne am päpstlichen Hofe bekannt [5]), und wurde vor allem mit dem letzteren selbst der für den späteren Erzbischof so nöthige Zusammenhang hergestellt.

Auf einer der beiden römischen Reisen traf Lull mit einem Lands= mann aus Britannien, mit Bregowin, dem nachmaligen Erzbischof von Canterburg, zusammen, und wie Landsleute in der Fremde enger zusammengebracht werden, so schlossen auch die beiden in der Residenz des Papstes innige Freundschaft [6]).

Möglich ist, daß jene wichtigen Aufträge des Bonifatius an den Papst die Sache des Klosters Fulda betrafen [7]); unbegründet erscheint Rettbergs Ansicht, daß dieselben von der Absetzung des letzten Merowingers handelten [8]), aber manches läßt sich dafür anführen, daß wenigstens die erwähnten eignen Angelegenheiten des Bonifatius sich auf die Niederlegung des Bischofsamtes bezogen [9]). Denn Bonifatius, jetzt ein Greis von über 70 Jahren, durfte nun wohl an einen Nach=

---

1) Passio S. Bonifatii bei Jaffé l. c., p. 474; vgl. Rettberg 1, S. 370.
2) Jaffé, ep. 79, p. 218
3) ib. ep. 80, p. 226.
4) ib. ep. 80; über die Datirung vgl. die entscheidende Abhandlung von Hahn in: Forschgg. z. d. G. XV, S. 71 f., welche Will S. 12 übersehen hat.
5) ib. ep. 83.
6) Jaffé, ep. 113, p. 277.
7) Oelsner, S. 57; vgl. Acta SS, p. 1058.
8) Rettberg 1, S. 386; vgl. Oelsner, S. 34.
9) Jaffé, ep. 79, p. 218: et mihi paternitatis vestrae responsum . . . ad solacium senectutis repraesentare.

folger denken[1]) und hatte dazu Lull auserjehen, indem er ihn allmählich in die Geschäfte einführte. Nach der letzten römischen Reise empfing derselbe die Bischofsweihe[2]), und Bonifatius ernannte ihn zu seinem Chorbischof[3]). Wie schon erwähnt, war Lull wohl der stete Begleiter des Bonifatius auf den Synoden; daher finden wir ihn auch zu Attigny mit seinem Meister im Juni des Jahres 753, woselbst er zu den Unterzeichnern der Bestätigungsurkunde Pippins für Fulda gehörte[4])·

Als nun Bonifatius, in Folge der Anstrengungen einer thüringer Reise erkrankt, an seinen Tod dachte[5]), wollte er zuvor die deutschen Verhältnisse „an der Heiden Grenze" geordnet wissen, deßhalb bat er brieflich den König Pippin, ihm „seinen lieben Sohn und Chorbischof Lullus" als Nachfolger zu bestimmen, da er diesen für den rechten Lehrer der Priester und treuen Hirten der Völker halte[6]). Und wie sehr damals ein treuer Sorger für die Sicherung der neu entstandenen Kirche noth that, erkennen wir aus demselben Brief des Bonifatius. Oft fehlte es den Priestern an der Grenze der Heiden am Nöthigsten; so bittet Bonifatius den König um Kleider für dieselben.

Gewiß macht Bonifatius durch obige Bitte nicht von dem König Pippin die Besetzung des Bisthums abhängig, er hatte — wie oben erwähnt — schon längst[7]) die Vollmacht des Papstes eingeholt, aber die unbeschränkte Gewalt, welche die Frankenfürsten aus Arnulfs Haus auch auf kirchlichem Gebiete übten, veranlaßte Bonifatius zu dieser Bitte[8]). Der Erfolg beweist, daß Pippin dieselbe gewährte[9]). Auch ist uns der Brief des Erzbischofs erhalten[10]), in welchem er hierfür dem König seinen Dank abstattet. In demselben Briefe aber, soweit hatte die Gesundheit des Bonifatius sich wieder gekräftigt, kann derselbe anfragen, ob er zur bevorstehenden Versammlung sich einstellen soll. Die Antwort des Königs veranlaßt ihn, im Juni 753 in Attigny gegenwärtig zu sein. Lull hatte seinen Bischof begleitet[11]) und fand wohl dort Gelegenheit, Pippin für seine Ernennung zu danken. Nach

[1]) Willibaldi vita S. Bonifatii bei Jaffé p. 461.
[2]) Othlon bei Jaffé, p. 497.
[3]) Jaffé, ep. 85, p. 232.
[4]) S. unten S. 20.
[5]) Jaffé, ep. 85, p. 232.
[6]) ib.; vgl. Willibald bei Jaffé p. 461.
[7]) Vgl. Othlon, Jaffé p. 502; Jaffé, ep. 43, p. 120.
[8]) Vgl. Oelsner, S. 36.
[9]) Vgl. Willibald bei Jaffé p. 461.
[10]) Jaffé, ep. 105, p. 258; vgl. Oelsner, S 39.
[11]) Oelsner, S. 65 N. 8; f. oben.

Mainz zurückgekehrt, versammelte Bonifatius alle Kleriker und Ange=
sehenen seiner Diöcese, nahm Abschied von ihnen und zeigte ihnen in
Lull, den er bei der Hand faßte, den würdigen Nachfolger, dem sie
gehorchen und in allen Nöthen beistehen sollten. Denn beschlossen war
es bei ihm, den Rest seines Lebens der Mission zu widmen, und des
Königs Einwilligung hatte er wohl in Attigny erhalten [1]). Alle An=
wesenden billigten die Wahl ihres greisen Erzbischofs, und dieser eilte,
auch den entfernteren Gegenden, dem Kreise seiner eigensten Wirksamkeit,
Thüringen, den Erwählten vorzustellen. Auch hier hat er wohl die
geistlichen und weltlichen Häupter versammelt und ihnen den Lullus
auf's wärmste empfohlen [2]).

Vor der Abreise nach Friesland ertheilte Bonifatius seinem
Schüler gewissenhafte Lehren über die innere und äußere Verwaltung
der Kirche. Er trägt demselben die Belehrung der Völker sowie die

---

[1]) Vgl. Oelsner, S. 66.
[2]) Passio, l. c., p. 477; Othlon, l. c., p. 502; vgl. Rettberg 1, S. 393.
Setzt man mit Oelsner, S. 39 und 167, diese Reise in den Mai 752, so fällt
jene Mainzer Diöcesansynode kurz zuvor und die Abfassung des Briefes 85
(Bonif. an Pippin) in den vergangnen Winter (Jaffé nimmt an: 753—754).
Wenn Oelsner sagt (S. 41 Anm.), es stehe aber auch der Annahme nichts
entgegen, daß jener Brief nach der Reise im Winter 752/53 geschrieben sei, so
meine ich doch, daß Bonifatius Lull nicht eher in Thüringen als Nachfolger
vorstellte, als er Pippin um Bestätigung seiner Wahl gebeten und die Er=
nennung Lulls zum Bischof v. Mainz in Händen hatte; ep. 85 muß also noth=
wendig vor der thüringer Reise, also vor dem Mai 752 geschrieben sein. Eine
andere Lösung wäre möglich, wenn man die Vorstellung Lulls in Thüringen
nicht wie Oelsner mit der Reise des Bonifatius im Mai 752, auf welcher er
ohnehin vollständig durch Wiederherstellung der von den Heiden zerstörten
30 Kirchen beschäftigt war, verbindet, sondern für dieselbe eine besondere Reise
annimmt. Am geeignetsten würde für eine solche der Juli 753 (vgl Seiters,
Bonifatius, S. 538), kurz vor Antritt der Reise nach Friesland im August,
erscheinen — die Mainzer Diöcesansynode wäre vorausgegangen. — Dann würde
ep. 105, worin Bonifatius bei Pippin seine Wiedergenesung meldet und anfragt,
ob er bei „dieser Versammlung" erscheinen solle, auf die Versammlung zu
Attigny im Juni 753 (Oelsner, S. 66 und 167), wo Bonifatius auch seinen
friesischen Missionsplan mit dem Könige und den Andern berieth, zu beziehen
sein (s. oben) und ep. 85 fiele in das Frühjahr 753 oder den vorhergehenden
Winter. Die in diesem Briefe aber vorausgesetzte Schwäche und Krankheit
könnte dann als Folge der körperlichen und geistigen Anstrengungen der vor=
jährigen Reise angesehen werden. (Vgl. die entgegenstehenden Behauptungen
Hahns in den Forschungen XV, S. 91). Also Frühjahr 753 oder vergangne
Winter: ep. 85 (der kranke Bonifatius bittet um Anstellung Lulls als Nach=
folger; Pippin gewährt die Bitte). Vor Juni: ep. 105 (der genesene Bonifatius
dankt dem König und fragt, ob er zur Versammlung kommen soll; bejahende
Antwort Pippins). Juni: Versammlung zu Attigny. Darauf folgend: Mainzer
Diöcesansynode; Reise des Bonifatius mit Lull nach Thüringen und August:
1. Reise nach Friesland.

Erbauung der von ihm selbst in Thüringen angefangenen Kirchen[1]), insbesondere auch der Basilika in Fulda auf, er legt ihm dringend ans Herz die Sorge für die ihm von jetzt an untergebenen Diener des göttlichen Wortes, so vor allem auch für die Aebtissin Lioba[2]). Nachdem Lull auch die Vorbereitungen zur Reise besorgt hatte, entließ er mit schwerem Herzen den geliebten Meister[3]).

Wohl oft weilten seine Gedanken[4]) bei dem fernen Missionär, und nicht überraschend für ihn war die Todesnachricht[5]), die seine Besorgniß — schon durch jenen traurigen Abschied erregt — erwartete. Doch nicht seiner Trauer konnte sich Lull überlassen, galt es doch, unverzüglich die Bestimmungen des Verstorbenen über seinen Leichnam auszuführen. Lull befand sich gerade am Hoflager des Königs[6]), als die Trauerbotschaft eintraf. Er sandte sofort nach Mainz und beauf= tragte Haddo, einen Mann von reinem Wandel und bestem Ruf, mit einigen Brüdern rheinabwärts zu reisen und den Leichnam zu holen, um ihn nach Fulda zu überführen; denn so hatte es Bonifatius ge= wollt[7]). An dem Königshof hatte der Bischof von Mainz wohl seinen Freund Gregor getroffen, den Abt von Utrecht, dem nach dem Tode des Bonifatius von dem König und dem gerade anwesenden Papste Stephan die Fortführung des von Bonifatius begonnenen Missions= werkes bei den Friesen übertragen wurde[8]).

[1]) Es ist wohl an die von den Sachsen zerstörten 30 Kirchen zu denken, Rettberg 2, S. 366.

[2]) vita S. Liobae bei Mab. l. c. p. 256.

[3]) Jaffé, l. c., p. 462 s.

[4]) Nichts erzählt uns Willibald davon, daß Bonifatius innerhalb der Zeit v. August 753 bis 5. Juni 754 nach Mainz zurückgekehrt sei, daher erscheint auch Rettbergs Meinung 1, S 394 von einer Rückkehr nach Fulda in dieser Zeit unhaltbar. Eigils Bemerkung (vita S, Sturmii bei Mab. l. c., p. 277): Inde post multum temporis migrans, sospes ad suas in Germaniam per- venit Ecclesias, dürfte demnach auf ein Besuchen der Kirchen des nördlichen Deutschlands, vor allem Utrechts, vgl. Rettberg a. a. O. N. 9, zu be- schränken sein.

[5]) Bonifatius starb am 5. Juni 754 nach Oelsner, S. 489.

[6]) Willibald, l. c., p. 468; Oelsner, S. 493.

[7]) Willibald, p. 467, cf. p. 477 und vita S. Liobae bei Mab. l. c., p. 256.

[8]) cf. vita S. Gregorii Traiectensis abbatis c. 14 ap. Mab. l. c., p. 329: post martyrium sancti Magistri . . . ipse quoque B. Gregorius a Stephano apostolicae Sedis Praesule et ab illustri et religioso Rege Pippino sus- cepit auctoritatem seminandi verbum Dei in Fresonia. Sowohl Jaffé als auch Oelsner stützen auf dieses Citat ihre Ansicht, daß Gregor nach dem Tode des Bonifatius Abt in Utrecht geworden und ep. 111 in Folge dessen nach 755, bez. 754, geschrieben sei (Jaffé, p. 271; Oelsner, S. 493). Jedoch kann die auctoritatem auch der „Abt" Gregor empfangen haben. Gradu

Die Boten Lulls hatten vielleicht nicht auf den Widerstand ge=
rechnet, den sie in Utrecht, wohin der Leichnam gebracht worden,
erfuhren. Aber die in Utrecht wußten recht wohl, „wie groß die Hülfe
sein würde, die ihnen die Verwendung eines so hohen Märtyrers ge=
währen würde [1]," und schon damals sah man ein, daß diese Hülfe
sich nicht auf Fürsprache im Himmel beschränke, sondern vielmehr
erfreute man sich auch gerne der irdischen Hülfe, die das Grab eines
Märtyrers als Endpunkt so mancher Wallfahrt, als Empfänger so
mancher Schenkung darbot. Sogar ein Verbot der Grafen von Utrecht
im Namen Pippins sollte den Leichnam für ihre Stadt sichern [2] —
nur ein Wunder konnte in solcher Noth nach damaliger Ansicht den
Gesandten Lulls helfen. Das Wunder geschah [3]), und der Leichnam
konnte rheinaufwärts, natürlich auch wieder wunderbar: ohne Ruderer,
geschafft werden.

Auch in Mainz fand sofort bei der Ankunft ein Wunder statt.
Zu gleicher Zeit mit dem Leichnam kam dorthin nicht nur eine Menge
Volkes zur Todtenfeier, ohne daß vorher der Tag bestimmt war,
sondern der Bischof Lull selbst von der Königspfalz, ebenso ahnungslos
wie das Volk.

minor und andere Ausdrücke im Brief deuten darauf, daß Lull noch nicht
Bischof war, also der Brief vor 753 geschrieben ist. Lull wie Gregor waren
Schüler des Bonifatius und als solche vereint, wurden aber im gegebenen Fall
durch Uebertragung eines Amtes getrennt. So ist das Citat, welches Oelsner
anführt, zu verstehen (ep. 111, p. 271: Comperto antem prosperitatis tuae
successu, eger animus utrumque egit: gaudebat de ascensione cari so-
dalis, sed contristabatur de divisione). Vor 753 also wird Gregor schon
von Bonifatius zum Abt erhoben und nach Utrecht geschickt (cf. Othlon l. c.,
p. 497; vgl. Seiters, S. 540). Dort erhält er kurz darauf den Brief seines
Freundes Lullus (vgl. davon abweichend Oelsner, S 50 und 56) Die An=
sicht Oelsners, S. 493, Gregor und Lull seien zur Zeit des Todes des
Bonifatius am Hofe des Königs gewesen, und dort habe Gregor vom König
und Papst den Auftrag zur friesischen Mission erhalten, gemäß der oben ange=
führten Stelle der vita Gregorii, ist wohl richtig, nur darf er nicht den Brief
111 hierzu citiren, sodaß der Auftrag und Gregors Erhebung zum Priester und
Abt zusammenfielen. Denn dann wäre ja Lull, indem er von Trennung, ver=
anlaßt durch diese Erhebung, spricht, vorher mit Gregor in Mainz zusammen
gewesen, wäre also als Bischof dessen Vorgesetzter gewesen, hätte demnach —
auch bei größter Bescheidenheit — nicht sich als gradu minor Gregor gegenüber
und diesen als care collega iam dudum et unne pie preceptor (p. 273)
bezeichnen können (vgl. Rettberg 1, S. 574 und 2, 532) Auch wäre wunder=
bar, daß so kurz nach Bonifatius Tod Lull von diesem Ereigniß einem Mit=
schüler des Verstorbenen gegenüber nichts erwähnt habe.

[1]) Vita S. Sturmii v. Eigil bei Mabillon l. c., p. 278; Passio bei Jaffé,
p. 479; vgl. Rettberg 1, S. 401.

[2]) Willibald l. c., p. 468; vgl. Rettberg 1, S. 401.

[3]) Nach Willibald l. c.

Eigenthümlich ist den Wundern der damaligen Zeit, daß wir sie meist gar nicht als Wunder anerkennen können; natürliche Vorfälle werden mit diesem Namen bezeichnet, um nur eben die Unmöglichkeit, daß einem kirchlich bedeutenden, frommen Mann die seine Größe be= stätigenden Wunder fehlten, zu vermeiden. Doch soll auch nicht der andere Gedanke vermieden werden, daß es den Schriftstellern des achten Jahrhunderts noch nicht widerstrebte, wie den meisten des neunzehnten, an Stelle des vagen Wortes „zufälliges Ereigniß" den Begriff von dem Lenken der Dinge durch die göttliche Vorsehung zu setzen.

Von Mainz wird der Leichnam in feierlicher Prozession an den Ort, den sich Bonifatius bei seinen Lebzeiten ausgewählt hatte, gebracht.

Dies ist die einfache Erzählung Willibalds; er hebt hervor, daß Bonifatius selbst Lull den Auftrag gegeben, seinen Körper nach Fulda zu überführen [1]), dann daß in dieser Absicht Lull die Gesandtschaft nach Utrecht geschickt habe [2]), und endlich, daß der Leichnam an den Ort, den Bonifatius sich ausgesucht, gebracht worden sei [3]).

Dem entgegen steht Eigils Erzählung: Lull habe mit allen Mitteln zu verhindern gesucht, daß der Leib des Bonifatius Mainz verlasse, und sei erst durch einen wunderbaren Traum — der Traum hilft auch sonst bei solchen Gelegenheiten aus —, in welchem Bonifatius selbst einen Diakon beauftragt habe, seine Ueberführung nach Fulda zu bewirken, und auch jetzt noch nur durch den Schwur dieses Diakons, Bonifatius sei ihm wirklich erschienen, zur Aufgabe seines Widerstandes bewogen worden [4]).

Wäre Eigils Erzählung wahr, so hätte Willibald, oder sein Gewährsmann, Lull selbst, geradezu Unwahres berichtet, vielleicht zu dem Zweck, die nicht mehr abzuändernde Niederlage in dem Streit um den Leib des Bonifatius zu beschönigen, oder vielmehr den Vorwurf einer solchen Niederlage, wenigstens den der Sache ferner Stehenden gegenüber, überhaupt unmöglich zu machen.

Wäre Willibalds Erzählung wahr, so würde Eigil die ge= trübte Ueberlieferung in seinem Kloster vorgefunden haben, die sich bei der Feindschaft Sturms und Lulls bilden konnte, um letzteren noch gehässiger erscheinen zu lassen.

[1]) l. c., p. 462.
[2]) p. 467.
[3]) p. 469.
[4]) Vita S. Sturmii l. c., p. 278.

Nur geringer Ueberlegung bedarf es, um sich für die Glaubwürdig=
keit Willibalds zu entscheiden, zumal Eigil diese Verhältnisse
höchstwahrscheinlich [1]) nur vom Hörensagen kennt und Willibald die
Einfachheit der Erzählung für sich., Eigil die legendenartige Weise
gegen sich hat [2]). Möglich bleibt allerdings noch der Fall, daß
Willibald die Wahrheit berichtet, doch aber irgendwie ein Streit
zwischen Lull und Sturm ausgebrochen ist, den Willibald ver=
schweigen muß, weil Lull die ganze Sache am liebsten vergessen
haben will.

Die Tradition übernahm die Fortleitung der Begebenheit, und so
vielleicht entstand später, als der Gegensatz zwischen Mainz und Fulda
verschwand, die ausgleichende Erzählung der Passio im 11. Jahr=
hundert: die Mainzer hätten den Körper des Bonifatius zu behalten
gewünscht, Lull aber hätte sich seines Eides, Bonifatius in Fulda zu
begraben, erinnert, jener Diakon wäre also gewissermaßen mit seinem
Traume dem Lull zu Hülfe gekommen. Die Erzählung von dem
Diakon leitet allerdings noch der Mainzer Anonymus mit einem „wie
sie sagen" ein. Auch erzählt derselbe Schriftsteller von einem wunder=
baren Bluten der Wunden des Bonifatius in Mainz, weiter davon,
daß Lull den Körper habe waschen lassen und das Wasser, womit dies
geschehen, in einem thönernen Gefäß der Erde übergeben habe an dem
Ort, wo dann die Kirche des heiligen Bonifatius erbaut worden sei.
Willibald hätte diese Züge gewiß nicht vergessen [3]), aber die Ent=
stehung derselben ist klar, wenn man bedenkt, daß die Mainzer doch
wenigstens eine Reliquie — wenn es auch nur das Wasser war, mit
welchem der Leichnam gewaschen worden — von ihrem großen Erz=
bischof haben wollten; daß sie am liebsten den Körper desselben behalten
hätten, ist selbstverständlich.

Während dem Mainzer Anonymus, dem Verfasser der Passio,
Willibald als Hauptquelle vorlag, er also den hier fehlenden Traum
nicht als geschichtlich verbürgt aufführt, schrieb Othlon später in

---

[1]) Mehr als 20 Jahre hat Eigil nach seiner Aussage als Schüler mit
Sturm verkehrt; man wird also seinen Eintritt in das Kloster nicht zu weit
vor das Jahr 759 (Sturm starb 779) setzen. Vgl. unten S. 18 f.
[2]) Vgl. Delsner, S. 180.
[3]) Man könnte vielleicht zugeben, daß die Erzählung von dem Diakon, wie
der etwaige Streit mit Sturm, dem Censurstriche Lulls gefallen sei (Watten=
bach, Geschichtsquellen 4. Aufl., S. 112) aber nicht ist ersichtlich, warum auch
das Bluten der Wunden, das Waschen, weggefallen wäre, Begebenheiten, deren
Aufzeichnung Lull nur erwünscht sein konnte.

Fulda eine neue Lebensbeschreibung des Bonifatius. Ihm lag das vollständigste Material-vor. Er folgt der die Gegensätze ausgleichenden Erzählung des letzten Bearbeiters, die ja nach gewöhnlichem Urtheil sehr wahrscheinlich erschien, nur gilt ihm der Traum als wahr, und er läßt Lull schon zu Gunsten der Mainzer schwanken, was jedenfalls dem Einfluß der Eigil'schen Schrift zuzuschreiben ist [1]).

Schon die Ueberführung des Bonifatius nach Fulda mußte Lull zeigen, wie schwer es ist, der Nachfolger eines berühmten Vorgängers zu sein.

Jedermann hat das Gefühl eines unersetzlichen Verlustes, alles Errungene scheint in Frage zu kommen, Veränderungen sind unvermeid=lich, Besorgniß liegt auf den Gemüthern und läßt alles Kommende mißtrauisch betrachten, besonders den Nachfolger, der fast als Ein=dringling erscheint [2]).

War so für Lullus der Anfang schwer genug, so mußte doch gerade der Tod des Bonifatius für ihn auch Vortheile in sich schließen.

Ist es gewöhnlich, daß bedeutende Männer nach ihrem Tode von Freunden übertrieben gepriesen werden, so wundert es uns nicht, wenn Bonifatius in seiner Heimat von den Angelsachsen sowohl Gregor dem Großen, dem sie ihre Bekehrung verdankten, als auch Augustin, der, von Gregor gesandt, zuerst als Missionär in England thätig war, ebenbürtig zur Seite gestellt wird. War doch Bonifatius ein Angel=sachse, erschien doch ein so namhafter Märtyrer als der natürliche einflußreiche Patron seiner Landsleute. Auf alle Fälle mußte aber dem Schüler, der von dem Meister selbst zum Nachfolger ausersehen war, jenes hohe Ansehen zu Gute kommen; auch die Bedeutung des Bischofs=stuhles, den jener eingenommen hatte, erhöhte sich nothwendigerweise.

Schon aus dem Gesagten erklärt es sich, warum es für Lull eine Lebensfrage war, streng an den Bestimmungen und Einrichtungen seines Vorgängers festzuhalten [3]). Und so war nicht nur für Lull, sondern auch für die folgenden Inhaber des Mainzer Stuhles die Richtschnur

---

1) Othlon bei Jaffé, p. 504.
2) Jaffé, ep. 108 p. 262: ... vos, qui superstites talium estis forsitan eo periculosius ac difficilius inter diversa temptamenta conversamini, quo tanto patre et doctore ad presens vos orbatos esse constat.
3) cf. Jaffé, ep. 126, p. 292, in welcher Lull an die Aebtissin Suitha schreibt: Hoc quidem te egisse et acturam esse, confidens — quae a sanctissimo viro Bonifacio martyre Christi eiusque discipulis regularis vitae disciplinam suscepisti putabam iuxta modulum intelligentiae tuae.

2

für erfolgreiche Wirksamkeit in ihrem Verhalten gegeben. Selbst=
verständlich wurde hierbei der Gedanke des Bonifatius von einer un=
abhängigen Kirche unter Oberleitung Roms maßgebend. Unwiderleglich
wird diese Behauptung durch eine Aeußerung Lulls in einem Brief an
den Erzbischof Coena von York aus der späteren Zeit seines Lebens [1]).
In diesem Briefe stellt Lull die Forderung auf, daß man für die Er=
höhung der Kirche sorgen müsse, und diese Forderung ist begründet
durch die Klage über die neuen selbständigen Gesetze der Fürsten. Er
erkannte also in diesen Gesetzen, in der Beanspruchung der Oberhoheit
auch über die Kirche — zumal muß man hier an Karl den Großen
denken [2]) — eine Erniedrigung derselben. Nur durch Gesetze, die sich
die Kirche selbst, d. h. in diesem Fall der Papst, giebt, kann sie erhöht
und gefördert werden. Höher als die Gunst des Königs steht dem
Mainzer Bischof die hierarchische Ordnung.

Läßt das Gesagte den Standpunkt Lulls erkennen, so kann das
Folgende zur Bestätigung dienen.

Im Vorhergehenden ist schon auf den Zwiespalt hingewiesen, der
kurz nach dem Tode des Bonifatius zwischen Lullus und Sturm, dem
Abt von Fulda zu Tage trat, und man kann wohl einstimmen in den
Ausruf Oelners [3]): „Zwei Schüler des Bonifatius gleich nach dem
Tode des „Familienvaters [4]) “ einander so heftige Gegner!“ Doch
so unverständlich das scheint, ist die richtige Lösung doch von Rettberg,
dem Oelsner folgt, in dem verschiedenen Parteistandpunkte der beiden
Männer gefunden [5]). Lull ist ihm der Vertreter der Episcopalgewalt,
Sturm der der volksthümlichen klösterlichen Unabhängigkeit, wie sie sich
vor Bonifatius schon auf deutschem Boden gebildet hatte; in Bonifatius
selbst findet er in Bezug auf Fulda beide Elemente noch vereint [6]).

Die Hauptquelle über diesen Streit ist die Lebensbeschreibung
Sturms von Eigil, welcher in seiner Jugend etwa noch 20 Jahre unter
Sturm im Kloster Fulda gelebt hatte, sodaß er als Augenzeuge gelten
könnte; aber wenn auch die Klosterschüler — ein solcher war Eigil
noch zur Zeit jener Kämpfe, da er, noch Knabe, etwa in der zweiten

[1]) Jaffé, ep. 122, p. 288; vgl. unten S. 24.
[2]) S. unten S. 25.
[3]) S. 357.
[4]) Jaffé, ep. 108, p. 263.
[5]) Rettberg 1, S. 301 f. und 609 ff.
[6]) Vgl. Oelsner, S. 386 ff.

Hälfte der fünfziger Jahre in das Kloster kam [1]) — den eifrigsten Antheil an den Streitigkeiten des Klosters nahmen, so mußte doch oft der wahre Sachverhalt sich ihrem unkritischen Auge entziehen. Aber natürlich wird man es finden, wenn Eigil, als er bei Abfassung seiner Biographie sich in jene Zeit versetzte, auch die leidenschaftliche, parteieifrige Weise der Jugend annahm, wenn er, wie damals, in Sturm nur den hochgeehrten Abt, den geliebten Lehrer, in Lull den herrschsüchtigen Mainzer Bischof sah.

Von großer Wichtigkeit ist ferner das Privileg des Papstes Zacharias für Fulda, jedenfalls aus dem Jahre 751 [2]), zwar viel angefochten, aber in neuerer Zeit als echt erwiesen von Th. Sickel in den Beiträgen zur Diplomatik IV, S. 47—73 [3]). Hiernach war Rettberg, der jenes Privileg noch für gefälscht hielt, zu berichtigen, und diese Berichtigung ist besorgt von Oelsner [4]). Wenig ist hinzuzufügen, und Folgendes würde kurz der Verlauf des Streites sein.

Nach dem Tode des Bonifatius mußten zwischen Lull und Sturm sofort Streitigkeiten vorfallen, da ihre Machtsphäre durch Bonifatius nicht begränzt und Lull der Ansicht war, daß er nicht bloß der Nachfolger des Bischofs Bonifatius in äußerlich begrenzter Weise sei, sondern auch alle moralischen Verpflichtungen, so auch die Fürsorge für Fulda, übernommen habe. Hatte er doch von seinem Meister selbst den Auftrag erhalten, für die Vollendung der Basilika in Fulda zu sorgen [5]). Er stand also nicht als Fremder außerhalb des Klosters, sondern er war zugehörig. Bei dieser Auffassung fühlte sich Lull auch nicht im Widerspruch zu dem Privileg, welches, auf Wunsch des Bonifatius von

---

[1]) Von sich selbst sagt er in der Widmung an Angildruth (Mabillon l. c., p. 269 s.): Nam et ego Eigil in discipulatu illius plusquam viginti annos conversatus eram, et sub ipsius Coenobii disciplina ab infantia usque in hanc aetatem nutritus et eruditus sum. Quapropter nonnulla eorum quae scripsi, vidisse me testatus sum. Vgl. oben S. 16.

[2]) Jaffé, ep. 82, p. 228; vgl. Sickel, Beiträge zur Diplomatik IV, S. 48, N. 1 und S. 57, sowie Oelsner, S. 58. Dünzelmann in den Forschungen zur deutschen Geschichte XIII, S. 13 f., vgl. S. 25, dem auch hier Will, Regesten, S. 12 u. 55, zu folgen scheint, findet zwar das Jahr 744 geeigneter für die Abfassung des genannten Privilegs, wird aber von Hahn in den Forschungen z. d. Geschichte XV, S. 71 f. und S. 87, welche Abhandlung Will unbeachtet läßt, obwohl er dieselbe in der Einleitung (IX) in hervorragender Weise erwähnt, widerlegt; vgl. das oben S. 10, N. 4 zu ep. 80 Gesagte.

[3]) Vgl. Oelsner, Excurs V, S. 487, sowie Hahn in den Forschungen zu der Geschichte a. a. O. und Wattenbach, Geschichtsquellen, 4. Aufl., S. 112.

[4]) S. 386 ff. und 516 (Excurs XV).

[5]) Willibald, l. c., p. 462; vita S. Liobae l. c., p. 256.

dem Papst Zacharias ausgestellt, das Kloster Fulda von aller bischöf=
lichen Gewalt befreite und direkt unter den Papst stellte, und dessen
Bestätigungsurkunde seitens Pippins vom Juni 753 Lull zu Attigny
mit unterzeichnete [1]). Doch Sturm trat jener Ansicht entgegen, bean=
spruchte volle Unabhängigkeit und wies, gestützt auf das Privileg des
Papstes, jede Bevormundung seitens Lull zurück. Da schien das Schick=
sal[2]) Lull zu begünstigen, indem Sturm der Untreue gegen den König[3])
angeklagt wurde. Verurtheilt, mußte er Fulda verlassen und zwei
Jahre[4]) in der Verbannung zubringen. Die Verurtheilung des Abtes
hatte für das Kloster den Verlust seiner Vorrechte zur Folge[5]), und
jetzt wurde dasselbe von Pippin dem Bischof Lullus von Mainz, wohl
auf dessen Ansuchen, unterstellt[6]). Auch entsprach diese Wendung der
in der Kirche des fränkischen Reiches herrschenden Richtung, welche an
Stelle der von Bonifatius erstrebten päpstlichen Jurisdiktion die des
Diöcesanbischofs zu setzen gewillt war. In diesem Falle hätte sich also

---

[1]) Sickel, A. K. n. 7, S. 2; derf. Beiträge IV, S. 44; vgl. Oelsner,
Seite 65.

[2]) Vgl. die ungenaue Darstellung bei Abel, Karl d. Gr., in den Jahrbb.,
S. 154; nichts weist darauf hin, daß der Streit vor Pippin gebracht worden
sei und dieser zu Lulls Gunsten entschieden hat. Vgl. die Worte Sturms bei
der Versöhnung mit Pippin (vita S. Sturmii l. c. p. 280): Licet a peccatis
immunis non sim; contra te tamen, o Rex, delictum non feci, aus denen
die Anschuldigung eines Majestätsverbrechens hervorgeht.

[3]) Gewiß ist an Verleumdung durch Lull nicht zu denken, wie Falken=
heiner, Gesch. Hessischer Städte und Stifte, S. 27 will.

[4]) N. Sickel, Beiträge zur Diplomatik IV, S. 72, N. 2: 763—765; vgl.
Oelsner, S. 516.

[5]) Nicht nach unserem Rechtsgefühl dürfen wir diese Streitfrage entscheiden
wollen, sondern wir müssen uns daran erinnern, daß damals königliche Gewalt
vor päpstliche und gar oft auch Gewalt vor Recht ging; vgl. Sickel a. a. O.,
S. 51 f.

[6]) Es ist verkehrt, aus dem Worte dominium bei Eigil — welches Lull
nach Sturms Verbannung von Pippin über das Kloster erhielt — schließen zu
wollen (Schwartz, Programm S. 18 f., Fulda 1858), daß es sich bei dem
Streite nur um das Eigenthumsrecht des Klosters, nicht aber um das bischöf=
liche Aufsichtsrecht gehandelt habe. Eigil weiß von dieser Unterscheidung
nichts, vgl. Rettberg 1, S. 616, sondern versteht unter dominium Lulli
allgemein die Herrschaft Lulls, die er, sie mag einen Namen haben, welchen sie
will, mit Sturm, der sich Lull völlig gleichstellt, entschieden zurückweist. Rett=
berg erkennt zwar, daß Eigil von einer Unterscheidung zwischen Aufsicht und
Eigenthum nichts weiß, und doch legt er ihm eine solche unter, wenn er meint:
nur das dominium sei (nach Eigils Worten) Lull von Pippin abgesprochen
worden, nicht die bischöfliche Aufsicht. Wie ferner diese Aufsicht aus den Ver=
handlungen der Fuldaer Mönche mit Lull während Sturms Verbannung und
aus späteren Thatsachen gefolgert werden kann, ist unerfindlich. Vgl. vor allem
auch Oelsner, S. 61.

Lull die herrschende Richtung zu Nutz gemacht, der er sonst feindlich gegenüberstand.

Kaufgeschäfte Lulls für das Kloster vom 28.[1]) und 31.[2]) August, wodurch einige Grundstücke am Rhein erworben wurden, fallen in diese Zeit, in das Jahr 763.

In Fulda selbst und Umgegend wurde die Verbannung Sturms außerordentlich beklagt; aber die Klage steigerte sich zur größten Aufregung, als Lull einen ihm ergebenen Priester als Abt in das Kloster sandte. Zwietracht war unausbleiblich, und zuletzt wurde der Eindringling vertrieben. Was er nicht durch Strenge hatte erreichen können, suchte Lull jetzt durch äußerste Milde zu bewirken. Er gestattete den Brüdern, sich aus ihrer Mitte einen Abt zu wählen, damit nicht etwa der Zwiespalt dem Könige vorgetragen würde.

Doch das Bemühen Lulls, sich die Neigung der Mönche zu gewinnen, scheiterte an deren Treue Sturm gegenüber. Sie wählen zwar einen der Ihrigen zum Abt, aber einen Liebling Sturms, den sie unter seiner Beistimmung nur als Stellvertreter des letzteren betrachten. Auf alle Weise, besonders durch öffentliche Gebete für die Rückkehr Sturms, suchen sie das Volk in und um Fulda in Aufregung zu erhalten, so daß zuletzt Pippin sich genöthigt sah, Sturm zu begnadigen. Denn dem Könige mußte alles darauf ankommen, jene wichtigen Länder sich nicht zu entfremden, auch mochte er die heilsame Thätigkeit des Klosters an der Grenze des Christen- und Heidenthums, die so ziemlich mit der Grenze seiner Herrschaft zusammenfiel, nicht außer Wirksamkeit wissen, und eine solche war ja nur bei völliger innerer Ruhe und Einigkeit möglich.

Die Begnadigung Sturms entzieht Fulda dem Einflusse Lulls, indem der König das Privileg des Papstes Zacharias von neuem in Kraft treten läßt.

War es besonders die Wichtigkeit des Klosters Fulda, welche den König zur Nachgiebigkeit bestimmte, so mochte ihm doch auch die Bedeutung Sturms, die ja später ihm und seinem Sohn zu Nutz immer mehr hervortrat, im Verhältniß zu Lull klar geworden sein, so daß auch diese Erwägung gewiß beigetragen hat, Lull mit seinen Ansprüchen auf Fulda fallen zu lassen.

---

[1]) Graf Leidrat verkauft an Fulda seinen Besitz innerhalb und außerhalb Bingens um 37 Pfund.
[2]) Derselbe verkauft an Fulda eine Besitzung in Mainz um 3 Pfund. Vgl. Will, Regesten S. 36.

Im übrigen ist wenig bekannt über das Verhältniß Lulls zu den Frankenfürsten, wie ja auch bei der Geschichte seines Vorgängers in dieser Hinsicht noch manches Dunkel aufzuhellen wäre. Und in demselben Maße ist natürlich dieses Verhältniß ein weniger hervortretendes, in dem die Persönlichkeit Lulls der des Bonifatius nachsteht.

Daß Lull persönlich mit dem König zusammengekommen, beweist seine Anwesenheit in der Königspfalz zu der Zeit, als Bonifatius getödtet wurde. Auch scheint wohl Pippin dem Bischof nicht gerade ungünstig gesinnt, sonst hätte er ihm gewiß Fulda nicht übertragen. Auf die gleiche Gesinnung Lulls dem König gegenüber ließe die Stelle aus Willibald schließen [1]): Cum vero Pippinus Domino donante regale Franchorum, felix supradicti germani successor, regnum suscepit et . . . in regem sublevatus est, coepit anxius vota Domino devota persolvere. Freilich läßt das „coepit anxius" auf ein vorheriges ungenaues Erfüllen schließen und überhaupt einen Zweifel zu an der rechten frommen Gesinnung des Königs. Zieht man weiter in Betracht, daß Pippin Lull gegen Sturm nicht stützt, so muß man doch im allgemeinen das Verhältniß zwischen beiden als ein zum wenigsten laues bezeichnen.

Auffallend ist schon, daß Pippin bald nach dem Amtsantritte Lulls nur die gallischen Bischöfe zur Synode von Verneuil beruft [2]), obgleich doch die Synode eine Reichssynode ist. Berücksichtigt man allerdings die Verhältnisse etwas genauer, so wird man jene Uebergehung nicht nur erklärlich finden, sondern es wird auch ep. 114, welche mit jener Synode im Zusammenhang zu stehen scheint, zu rechtem Verständniß gebracht.

Nach Oelsner [3]) ist dieser Brief nicht an den Papst gerichtet, sondern als ein schriftlicher Vortrag entweder an die Synode, oder an den Metropoliten des Mainzer Bischofs. Daß die päpstliche Adresse falsch, ist wohl erwiesen, aber damit noch nicht jenes Dilemma gegeben, dessen erster Theil gezwungen — Lull würde doch die Synode ebensowenig wie den Papst mit caritas anreden —, dessen anderer wohl unmöglich ist, da eine Unterordnung des Erzbisthums eines Bonifatius unter einen Metropoliten wohl nicht gut anging, auch wenn Lull nicht die Achtung seines Vorgängers genoß.

---

[1]) Jaffé, p. 461.
[2]) Oelsner, S. 219 ff.
[3]) S. 223.

Die Synode zu Verneuil im Sommer 755 hatte die Verhältnisse des fränkischen Klerus geordnet, ohne auf die Instanz des Papstes Rücksicht zu nehmen [1]); daß mit diesen Beschlüssen Lullus, der Nachfolger des Bonifatius, sein Schüler und intimer Freund, nicht einverstanden sein konnte, ist klar. Denn nicht bloß die Erinnerung sowie seine Grundsätze veranlaßten ihn dazu, sondern auch die Bitten und Forderungen seiner Freunde aus der Heimat [2]), vor allem aber gewiß das Bewußtsein von der Grundlage seiner eigenen Bedeutung. Wie kann nun aber Lullus sich trotzdem auf einen Artikel der zu Verneuil gefaßten Beschlüsse berufen? — denn Oelsner erkennt nach den Worten des Briefes: Cognita enim .. decrevistis, cap. 8 des Capitulare Vernense. Lullus befand sich in eigenthümlicher Lage. Zwei Presbyter seiner Parochie verweigerten ihm mit Erfolg, wie schon dem Bonifatius, den Gehorsam und schalteten mit dem Kirchengut wie mit eigenem. Selbst zu schwach, die beiden zur Unterwerfung zu zwingen, mußte Lull wohl oder übel die Hülfe des Frankenfürsten erbitten, ohne welche ja schon Bonifatius wenig hatte durchführen können [3]), deßhalb wendet er sich, wie früher Bonifatius [4]), an den Capellan (Apocrisiarius) des Fürsten, den vielvermögenden Abt Fulrad [5]). Freilich muß, um diesen geneigt zu stimmen, sich Lullus bequemen, bei seiner Bitte von jenen Beschlüssen zu Verneuil auszugehen. Dabei wird es ihm schwer gefallen sein, zu schreiben: Sancta et regularia instituta, canonica auctoritate confirmata tam episcoporum nostrorum venerabilium quam etiam domini nostri regis Pippini consiliatorumque eius, manifesta ratione scimus conservanda, ohne die Autorität des Papstes zu erwähnen.

Aus der citirten Stelle erkennt man aber weiter auch, daß Lull unmöglich jene Beschlüsse mitgefaßt haben kann ("episcoporum nostrorum venerabilium"; "scimus"; ebenso aus dem Folgenden: "cognita enim canonum auctoritate decrevistis"; "secundum quod definistis"; "secundum canonicam institutionem vestram"), so daß also bei der Voraussetzung, der Brief 114 beziehe sich auf die Dekrete der Synode zu Verneuil, es irrig ist anzunehmen [6]), Lull sei auf derselben zugegen

[1]) Oelsner, S. 222 f.
[2]) Vgl. Jaffé, ep. 108, p. 265 s.
[3]) Jaffé, ep. 55 p. 159.
[4]) ep. 84, p. 231.
[5]) Vgl. Oelsner, S. 38 u. 237.
[6]) Oelsner, S. 493.

gewesen. Auch würde im andern Fall die Angabe [1]): Galliarum episcopos adgregari fecit (Pippinus) ad concilium Vernus palatio publico, einen Widerspruch ergeben. Denn es kann nicht mehr auf=fallen [2]), daß der König des Frankenreichs sich auf die Berufung der gallischen Bischöfe beschränkte; er kannte wohl den Widerspruch, den er bei selbständigen Reformen, unabhängig vom Papst, von den deutschen Bischöfen aus der Schule des Bonifatius zu erwarten hatte. War doch die Zeit, in welcher die Unabhängigkeit des fränkischen Episcopats mit der Bonifazischen Unterordnung unter römische Satzung — welche Pippin schon früher wenig beachtete [3]), wenn er auch politischer Pläne halber dem Bonifatius nachgab [4]) — im Streit lag [5]), die jüngst vergangne. Und bindend waren ja die Beschlüsse einer königlichen Synode doch für das ganze Reich [6]).

Von Pippin selbst existirt noch ein Brief an Lull [7]), in welchem er sich dankbar zeigt für ein fruchtbares Jahr. . Nicht nur Dankes=gottesdienste werden jedem Bischofe, in seinem Sprengel vorgeschrieben, sondern jedermann, er mag wollen oder nicht, soll seinen Dank sichtbar zeigen, durch Entrichtung des Zehnten [8]).

Giebt uns der genannte Erlaß Pippins, jedenfalls ein Rund=schreiben [9]) an alle Bischöfe, keinen Anhalt für die Stellung des Königs und des Mainzer Bischofs zu einander, so könnte man fast versucht sein, in einem (schon oben [10]) erwähnten) Briefe an einen Landsmann jenseits des Meeres [11]), in welchem Lull die durch die neuen Gesetze

---

[1]) Ders., S. 219, N. 2.
[2]) Ders., S. 219.
[3]) Rettberg, 1, S. 364; 377; 378.
[4]) Ders., S. 370.
[5]) Vgl. Oelsner, S. 31.
[6]) Oelsner, S. 220; Rettberg, 1, S. 419. Möglich ist, daß der Brief Lulls Veranlassung mit war, zur nochmaligen Besprechung der Unterordnung der Priester unter den Bischof ihrer Diöcese auf der Herbstsynode des Jahres 755 (Oelsner, S. 249); dann würde, da die Synode zu Verneuil, deren Aus=spruch in dem Briefe geltend gemacht ist, etwa Anfang Juli 755 (Oelsner, S. 220), fällt, dieser Brief selbst im Sommer 755 nach der genannten Synode geschrieben worden sein.
[7]) Jaffé, ep. 115, p. 281.
[8]) Wenn es richtig ist, die tribulationem (von Gott) in diesem Briefe auf den strengen Winter des Jahres 764 und die darauf folgende Dürre und Hungersnoth, die aber durch eine gute Ernte des folgenden Jahres ausgeglichen wurde, zu beziehen, so würde allerdings der Brief in den Spätsommer oder Herbst 765 zu setzen sein .(Oelsner, 383, N. 2).
[9]) Sickel, A. K., S. 10, N. 32; vgl. Oelsner a. a. O.
[10]) S. 18.
[11]) Jaffé, ep. 122, p. 288.

der gegenwärtigen Fürsten, „welche sie nach ihren Wünschen geben", täglich gestoßene, gedrückte und ermüdete Kirche beklagt, schon Anfänge der heutigen Taktik mancher Kleriker zu erkennen, obschon in damaliger Zeit vielleicht mehr Grund dazu vorhanden sein mochte. Jedenfalls spricht dieser Brief nicht für eine einflußreiche Stellung Lulls dem Frankenfürsten gegenüber.

Nach dem Gesagten würde ep. 122 am besten in die Regierungs= zeit Pippins passen, aber andere Gründe sprechen für eine spätere Abfassungszeit. Der Adressat, der Erzbischof Coena von York, ver= waltet von 767—780 [1]) sein Amt, daher ist wohl der Brief unter Karl dem Großen geschrieben, und da derselbe Klagen über beständiges Körperleiden enthält, jedenfalls näher dem Jahre 781. In ihm finden wir eine Bestätigung des Gegensatzes, welcher zwischen den schon früher entwickelten Anschauungen Lulls und dem selbständigen Verfahren Karls in kirchlichen Dingen nicht ausbleiben konnte [2]). Allerdings ist eben= sowenig wie zu Lebzeiten Pippins irgend ein Zeichen vorhanden, daß Lull mit seiner Meinung öffentlich hervorgetreten wäre, vielmehr scheint es, als ob derselbe, in die Verhältnisse, die er nicht ändern konnte, sich fügend, so viel als möglich dieselben zum Vortheil der ihm unter= stellten Kirchen und seiner Stiftungen zu benutzen gesucht habe. Daher stehen auch die Gunstbezeugungen, welche Lull von Karl dem Großen erhielt, keineswegs im Widerspruch zu den erwähnten Ansichten des ersteren.

Je mehr sich das Frankenreich der Bedeutung des Weltreiches näherte, je mehr die gewaltige Kraft, die dem neuen Königsgeschlechte innewohnte, in dem Sohne Pippins ihre höchste Entfaltung zeigte, je mehr auch das kirchliche Leben in allen seinen Formen sich jenem allein unterstellte, um so weniger tritt unter Karls Regierung Lull, der Bischof von Mainz, hervor. Zu größerer Bedeutung mußte jetzt schon der Abt von Fulda gelangen, der durch die Beziehungen zu seinem Vaterlande Baiern, durch den Einfluß auf das benachbarte Sachsen mit Karl und seinen Plänen in direkte Verbindung tritt [3]). Lull ist nichts als einer der vielen Bischöfe des Frankenreiches [4]). Als solcher

[1]) Jaffé giebt an — 781, Coena starb jedoch am 22. Dec. 780.
[2]) Vgl. Abel, S. 162 und Rettberg 2, S. 606; vgl. oben S 17 f. u. S. 23 f.
[3]) Vgl. Abel, S. 54 f.
[4]) Ders., S. 440.

sucht er Schutz bei dem Herrscher für seine Stiftung Hersfeld, indem er dieselbe, ebenso wie die Peterskirche zu Fritzlar, ihm zum Eigenthum übergiebt[1]).

Nach dem Gesagten kann es uns nicht wundern, daß von einem Einfluß Lulls auf die Reichsangelegenheiten nirgends die Rede ist[2]); hierbei ist freilich der Gedanke unzulässig, als ob Karl der Große sich durch das geringe Maß der päpstlichen Gunst Lull gegenüber habe bestimmen lassen, denn ganz abgesehen von der falschen Auffassung der Sachlage und der Persönlichkeiten, welche diesem Urtheil zu Grunde liegt, würde der König dann Lull gewiß nicht im Jahre 769 zur Lateransynode nach Rom gesandt haben[3]). Ueberhaupt ist nicht ausgeschlossen, daß sich letzterer der Gunst Karls, der vielleicht besser als sein Vater den Werth desselben erkannte, erfreut habe[4]). Es dürfte sogar nicht zu viel behauptet sein, von einer öfteren Bevorzugung durch den König zu sprechen.

Eine andere Vorstellung von Lulls Bedeutung mochte in seiner Heimat herrschen. Ist es überhaupt in der Natur des Menschen begründet, Landsleute im Auslande höher zu schätzen, so mochten der König Alhredus und die Königin Osgeofu, das Herrscherpaar von Northumberland[5]), dem Nachfolger des Bonifatius, ihrem Landsmann Lull, sogar Einfluß auf den Frankenkönig zutrauen[6]). Sie bitten ihn, ihren Gesandten mit Rath beizustehen, damit er Friede und Freundschaft zwischen ihnen und Karl befestige. Ein andermal sendet der Abt Camvulf an den großen König einen Brief[7]), in welchem er unter anderem den Eifer desselben für die Ausbreitung des Christenthums anzuspornen sucht. Am Tage vor Abfassung dieses Briefes, am 21. Mai 773, schrieb derselbe Abt einen Brief[8]), den er an Lull adressirte. Da jedoch in dem letzteren keine Rede von dem Briefe an den König ist, so ist wohl anzunehmen, daß der Bote des Abtes zu-

[1]) Rettberg 1, S. 600 und 603. Ein Güterverzeichniß von Hersfeld, welches Lull bei dieser Gelegenheit angefertigt habe (Wenck, Hess. Landesgesch. 2, Urkundenb., S. 15, vgl. Rettberg 1, S. 604), ist wahrscheinlich erst im 9. Jahrh. aufgesetzt: Abel, S. 443; vgl. Sickel, A. K., S. 262.
[2]) Vgl. Abel, S. 163.
[3]) S. unten S. 48.
[4]) S. unten S. 31 u. 47.
[5]) Jaffé, ep. 119, p. 284.
[6]) Vgl. Rettberg 1, S. 577.
[7]) Jaffé, ep. 118, p. 283.
[8]) ep. 117, p. 282.

erst nach Mainz mit beiden Briefen kam, den für Lull bestimmten abgab und, nachdem Lull von dem andern eine Abschrift genommen, weiter zur Residenz des Königs zog[1]). Auch der Brief Eanwulfs zeugt von dem Ansehen, in dem Lullus jenseits des Meeres bei seinen Landsleuten stand. Unverhohlen ist jenes Freude, von dem ebenso gelehrten als heiligen Lull einen Brief erhalten zu haben, er verspricht sogar, den Namen desselben nach seinem Tode in dem Kloster neben den Namen der Bischöfe und Klosterbrüder aufzeichnen zu lassen. Ebenso fühlt auch der Abt Botwinus[2]) ganz die Ehre, mit Lull in Briefwechsel zu stehen.

Ein Presbyter Vigberht[3]) wurde von Lullus nach Britanien, woher auch Vigberht stammte, gesandt, um Briefe und Geschenke an Freunde zu überbringen. In England kam derselbe zu seinen Verwandten, und diese wollen ihn nicht wieder ziehen lassen, versprechen ihm Land und ihr ganzes Erbe, wenn er bei ihnen bliebe; im anderen Falle aber würden sie alles Fremden überlassen. Man merkt Vigberht in seinem Briefe an Lull an, wie sehr seine Wünsche mit denen seiner Verwandten übereinstimmen, aber keinen Augenblick im Zweifel über sein Verhalten, stellt er es ganz Lull anheim, ob er bleiben solle oder nicht[4]). Dieser läßt Vigberht zunächst wieder nach Deutschland kommen, entbindet ihn aber hier seiner Pflicht, so daß ein zweiter Brief aus England[5]) meldet, er habe die Erbschaft angetreten und freue sich, am Ziele seines Wanderns zur Ruhe gelangt zu sein.

Weniger scheint allerdings Lullus in Deutschland selbst in Ansehen gestanden zu haben. Schon oben wurde erwähnt[6]), wie zwei Presbyter seines Sprengels ihm geradezu den Gehorsam verweigerten, so daß er einen einflußreicheren Arm in Anspruch nehmen mußte. Und doch scheinen die beiden Presbyter in Hessen oder Thüringen ihr ordnungs-

---

[1]) Vgl. Hahn, Forschungen z. d. G. XV., S. 108.
[2]) Jaffé, ep. 129, p. 295.
[3]) ep. 137, p. 304.
[4]) Jaffé, ep. 137, p. 305: Fateor enim tibi per Deum, quod contra voluntatem tuam nulla dignitas seculi, nulla secularis amicitia me hic ullo modo retinere potest; maxime quod te super omnes homines diligo, Deus testis est.
[5]) ep. 136, p. 303; beide Briefe sind umzustellen, wodurch auch die Schwierigkeit, welche Dünzelmann (Forschgg. z. d. G. XIII., S. 27) bei den beiden Briefen findet, durch welche er sogar sich veranlaßt sieht, ep. 137 für eine Stilprobe zu erklären, gehoben ist. Vgl. die, wie mir scheint, dem Wortsinn und dem Inhalt der Briefe wenig entsprechenden Bemerkgg. Hahns in den Forschgg. XV., S. 96.
[6]) Jaffé, ep. 114, p. 279, s; s. oben S. 22, ff.

widriges Wesen getrieben zu haben, auf welche Länder ja doch noch
Lull, wie schon vor ihm Bonifatius[1]), am meisten einwirkte. War es
doch Thüringen, wohin Bonifatius zunächst seinen Nachfolger führte;
in Ohrdruf, wo einst auch sein Meister erfolgreich wirkte, weihte Lull
die Peterskirche im Jahre 777[2]), und an Priester in Thüringen —
darunter vielleicht jener Denehard, welcher mit Lull nach Deutschland
übersiedelte — liegt noch ein Erlaß des Mainzer Bischofs vor[3]),
worin er Gebete, Fasten und Messen anordnet, einmal gegen unauf=
hörlichen Regen, dann als Todtenfeier für verschiedene Personen, ins=
besondere für den verstorbenen Bischof Romanus[4]). In jenen Gegenden
hat man gewiß auch das Kloster zu suchen, welches nach dem Brief[5]),
den Lullus an dessen Aebtissin Suitha richtet, unweit der Heiden Grenze
liegen mußte. Der Bischof excommunicirte dieselbe nebst ihren Unter=
gebenen, weil sie zwei Nonnen ohne seine Erlaubniß in entfernte
Gegenden frei hatte gehen lassen. Erscheinen demnach Thüringen und
Hessen — hier gründete Lull ja auch Hersfeld — als die Landschaften,
welche der bischöflichen Gewalt von Mainz sich unterstellten, so kann
man sich um so weniger über die Ansprüche wundern, welche Lull auf
Fulda zu haben glaubte. Hatte doch sogar das Bisthum Buraburg
sammt dem benachbarten Kloster Fritzlar der Leitung des Mainzer
Bischofs sich völlig anvertraut[6]). Zwei Vorkommnisse sind es, wodurch
dies vollkommen bewiesen wird. Einmal die schon erwähnte Ver=
gebung der Peterskirche zu Fritzlar mit zahlreichen Gütern an Karl
den Großen[7]), so daß hierbei Lullus direkt in die innern Verhältnisse
des Bisthums eingreift, ohne die Rechte des Bischofs, der sein intimer
Freund ist, verletzt zu glauben; dann die Uebertragung der Gebeine

[1]) Vgl. Rettberg 1, S. 575.
[2]) Rettberg 2, S. 372; vgl. Acta SS., Boll. 16. Oct., VII., p. 1069.
[3]) Jaffé, ep. 116, p. 281. Daß Lull nicht durch einen Bischof von Erfurt
in seinem Einfluß auf Thüringen beschränkt wurde, zeigt Rettberg 2, S. 369 ff.
Wie weit Lulls Wirkungskreis nach Osten zu reichte, zeigen ungefähr die Be-
sitzungen Hersfelds nach dieser Richtung, die etwa von der Fulda und Werra
(Salzungen) bis an das Mansfeldische lagen, bis zum Haffegau. Der Zehnte
aus letzterem Gau wurde am 8. März 780, Sickel, A. K., 75, S. 38, ver-
liehen. In der bez. Urkunde wird Lull zum letzten Mal episcopus genannt.
Vgl. auch Rettberg 2, S. 488.
[4]) Wahrscheinlich der Bischof Romanus von Meaux; derselbe ist 757 nicht
mehr am Leben, so daß der Brief in die Jahre 754—757 fallen würde:
Oelsner, S. 360, N. 9 und 365, N. 10.
[5]) Jaffé, ep. 126, p. 292; s. unten S. 40.
[6]) Rettberg 1, S. 598, ff.
[7]) Das. S. 600.

Wigberts von Fritzlar nach Hersfeld¹). Freilich stand in Buraburg, welches ja auch eine Stiftung des Bonifatius war, nicht ein energischer Mann, wie Sturm, an der Spitze des Bisthums, welcher als ein mit Lull gleichberechtigter Schüler des Bonifatius jede Unterordnung für unwürdig hielt, sondern Witta (Albinus), obgleich ebenfalls durch Bonifatius zum Bischof von Buraburg erhoben, ist der ergebene Freund Lulls, er liefert diesem willig die Gebeine Wigberts aus und folgt dessen Aufforderung, auf der, wie dieser fühlt, letzten Reise von Mainz nach Hersfeld sein Begleiter zu sein — wenn auch nur als Leiche²).

Daß Lull nicht, wie eine Inschrift der Marienkirche in Franken=berg (Oberhessen) besagt, diese Kirche im Jahre 810 eingeweiht haben kann, bedarf kaum der Erwähnung, da er 785 starb³).

Im übrigen ist natürlich Lulls Stellung viel beschränkter als die des Bonifatius es war. Ist von letzterem nur in gewissem Sinne der Ausdruck „Primas von Deutschland" zu gebrauchen, so kann man bei Lullus gar nicht davon reden. In dem Verzeichnisse des Todten=bundes von Attigny, woselbst, wahrscheinlich im Jahre 762 nach dem 13. August⁴), eine Synode pro causa religionis et salute animarum abgehalten wurde, steht der Name Lulls erst in dritter Reihe nach Chrodegang von Metz und Eddo von Straßburg⁵). Konnte doch sogar die Vermuthung Raum gewinnen⁶), genannter Chrodegang etwa sei der Metropolitan Lulls. Natürlich ist auch daran nicht zu denken, daß derselbe als Nachfolger des Bonifatius Legat des Papstes gewesen sei; auf dem Reichstage zu Compiègne im Jahre 757 werden sogar aus=drücklich als gegenwärtig zwei päpstliche Legaten, ein Bischof Georg und ein Sacellar Johann, erwähnt⁷). Lull mußte sogar über 20 Jahre auf Verleihung des Palliums warten. Und auch dann wird ihm dasselbe erst nach einer Prüfung, welche die Erzbischöfe Tilpin von Reims und Weomod von Trier sowie ein Bischof Possessor mit ihm

---

¹) S. unten S. 46, f.
²) S. unten S. 49.
³) Unnöthig erscheint es, alle die Orte und alle die unächten Schriftstücke zu erwähnen, die mit Lulls Namen fälschlicher Weise in Verbindung gebracht worden sind, da sie mit Angabe der betreffenden Literatur zu finden sind bei Will, Regesten S. 34—45: n. 25; 27; 28; 29; 41; 58; 59; 75; 76; 80.
⁴) Oelsner, Excurs 2, 8.
⁵) Ders. S. 361.
⁶) S. oben S. 22.
⁷) Rettberg 1, S. 421; vgl. Oelsner, S. 293.

im Auftrage des Papstes vornehmen und nach Ablegung eines Glaubensbekenntnisses — vom 8. März 780[1]) — ertheilt[2]).

Vielleicht brauchte man nicht, wie dies Rettberg und Abel[3]) thun, an eine Untersuchung, der Anschuldigungen gegen Lull in Rom vorhergingen, zu denken. Geht man nämlich mit Rettberg von der Voraussetzung aus, daß die fränkische Kirche der Metropoliten nicht zu bedürfen meinte, daß Karl der Große 774 erst versprechen muß, überall solche einzusetzen, so kann man gewiß aus der späten Ertheilung des Palliums nicht folgern, Lull sei in Rom schlecht angeschrieben gewesen, — noch weniger freilich, das geringe Maß päpstlicher Gunst habe den Mainzer Metropoliten gehindert, auch in den weltlichen Dingen ein gewichtiges Wort zu reden[4]), höchstens kann man schließen, daß bis jetzt der Papst Lull keine Bedeutung beigelegt habe.

Die Sache verhält sich wohl so, daß Karl seinem Versprechen gemäß sich nach Metropoliten umsah und Lullus dem Papste vorschlug. Dieser aber pflegte der Verleihung des Palliums eine den Umständen angemessene Prüfung vorausgehen zu lassen — auch Bonifatius mußte in Rom ein Glaubensbekenntniß ablegen, und Tilpin von Reims er=hält das Pallium nur auf Ersuchen Karls und in Folge des günstigen Zeugnisses, das ihm Fulrad v. St. Denis ausgestellt hatte[5]), — und bei Lull war dies um so nöthiger, da betreffs seiner Ordination nicht alles in Ordnung zu sein schien. Darum wird sogar eine Prüfungs=kommission diesmal ernannt und derselben aufgegeben, genau über Ordination, Glauben, Lehre, Wandel, Sitte und Leben Lulls zu berichten. Daß fränkische Bischöfe beauftragt werden und daß Boten des Königs sich der Commission anschließen[6]), führt ebenfalls auf Karl

---

1) Das Glaubensbekenntniß bei Falkenheiner, S. 165, giebt an: Hanc fidem meam ego Lullus Moguntinensis ciuitatis Antistes exposui Anno Duodeno Regis domini nostri carlj regis gloriosissimi pontificatus mej Anno XXV etc.

2) Rettberg 1, S. 576; vgl. Abel, S. 159, f.; Oelsner, S. 489, f. Das betr. Schreiben Hadrians an Tilpin v. Reims wird von Jaffé und andern (Abel, S. 159, N. 9) ca. 775 gesetzt. Da die Zeit jedoch nicht sicher angegeben werden kann, so könnte die Abfassung des Glaubensbekenntnisses im Jahre 780 veranlassen, das Jahr des päpstl. Schreibens näher an 780 zu rücken. Dann würde Abels Bemerkung: S. 161, über den wahrscheinlich nicht ganz günstigen Ausfall der Prüfung hinfällig.

3) a. a. O.

4) Will, Regesten, Einleitg., S. XIV.

5) Abel, S. 160.

6) Der Papst schreibt an Tilpin (Flodoard, hist. eccl. Remens. II, XVII. Bibl. vet. patr. max. XVII p. 542): assumptis tecum Viomago et Posses-sore episcopis et missis gloriosi ac spiritali filii nostri Karoli Francorum

als den Urheber, ebenso der vom Papst angegebene Zweck der Unter=
suchung: damit er über Lulls Würdigkeit urtheilen könne, in den Stand
gesetzt werde, ihm das Pallium zu übersenden und seine Ordination
für giltig zu erklären, und damit er Mainz zum Sitz eines Erzbischofs
erheben könne[1]).

Daß allerdings der Papst fränkischen Bischöfen die Prüfung des
Nachfolgers des Bonifatius überträgt, daß er sich durch diese erst
Kenntniß der Würdigkeit desselben verschafft, läßt auf keine zu nahen
Beziehungen zwischen dem Papst und Lull schließen. Damit stimmt
auch das Fehlen jeglicher Correspondenz zwischen beiden überein. Hin=
gegen könnte man nach dem Gesagten annehmen, daß Karl der Große
dem Mainzer Bischof nicht ungnädig gesinnt gewesen wäre; dazu passen
auch die reichen Schenkungen, mit denen Karl in jenen Jahren Lulls
Stiftung Hersfeld bedenkt[2]).

Gegen Ende seines Lebens aber scheint Lull auch von dem Papste
mehr beachtet worden zu sein, als es — soweit ersichtlich, — vorher
geschah. Im Jahre 784 erhielt Fulda vom Papste Hadrian ein
Privileg, welches wohl, wie das Privileg des Zacharias, das Kloster
unter päpstliche Gerichtsbarkeit stellt, jedoch dem Diöcesanbischof seine
Rechte vorbehält. Dieses Zugeständniß des Papstes an den Mainzer
Erzbischof[3]) in Sachen des alten Streites war für Lull insofern von
hoher Bedeutung, als durch dasselbe ihm noch kurz vor seinem Ende
die Genugthuung wurde, sein eifriges Bemühen, die schon von Boni=
fatius erstrebte hierarchische Ordnung zur Geltung zu bringen, an=
erkannt zu sehen; er konnte mit dem zufriedenen Bewußtsein auf sein
Streben blicken, doch zuletzt die episcopalen Rechte gewahrt zu sehen[4]).

regis, diligenter inquiras etc. und das Glaubensbekenntniß Lulls bei Falken=
heiner p. 165 enthält die Worte: iuxta praeceptum apostolici pontificis
Adriani pape et Missorum eius Viemadi Tilpini possessoris (muß heißen
Possessoris) pontificum et missorum Dnj. rever. carlj Regis gloriosissimi
Ego Lullus etc.

[1]) Flodoard l. c.: et si aptus fuerit·(Lullus) et dignus ad epis-
copalem cathedram gubernandam, expositam et conscriptam et manu
sua propria subscriptam catholicam et orthodoxam fidem per missos
suos cum litteris ac testimonio tuo, seu aliorum episcoporum, quos
tecum esse mandavimus, ad nos dirigat, ut pallium illi secundum con-·
suetudinem transmittamus et ordinationem illius firmam indicemus et
in eadem s. ecclesia Moguntin aarchiepiscopum constitutum esse faciamus.

[2]) Abel, S. 443; s. oben S. 26.

[3]) Sickel, Beiträge 2c. IV., S. 62; vgl. Abel, S. 393.

[4]) Auch scheint Lull in jener Zeit Amtshandlungen in Fulda vorgenommen
zu haben, denn es wird uns berichtet (Will, Regesten S. 42), daß Eigil v. Lull

In späteren Zeiten, als die Tradition Bonifatius immer mehr
verherrlichte, fielen Strahlen dieses Glanzes auch auf seinen Schüler
und Nachfolger Lullus und so konnte es geschehen, daß der Canonicus
des außerhalb der Mauern von Mainz gelegenen Klosters St. Victor,
der bald nach dem Jahre 1011 schrieb[1]), als Grund der späteren
ehrenvollen Vergrößerung der Kirche des heiligen Victor angiebt, Lullus
und Rabanus hätten dort Gebeten obgelegen[2]).

Aus dem Obigen ist schon ersichtlich, wie man in der Heimat, in
Britannien, Lull ganz anders schätzte, und es scheint manchmal sogar,
als ob sich Lull durch möglichst eifrigen schriftlichen Verkehr mit den
überseeischen Landsleuten, durch eifriges Studium der heimatlichen
Bücher hätte schadlos halten wollen.

Der größte Theil der Lull betreffenden Briefsammlung[3]) bezieht

zum Priester geweiht worden sei. Läßt Will die Zeit von 755—786 für diese
Amtshandlung offen, so paßt sie doch nur in jene späte Lebenszeit Lulls, da
auch damals erst Eigil das zur Priesterweihe nöthige Alter von 30 Jahren
gehabt haben kann; vgl. oben S. 16 u 18 f.

[1]) Jaffé, p. 426.

[2]) An diesem Orte mag eine Stelle aus Liudgers Leben Gregors v. Utrecht
(bei Mabillon, l. c. p. 325 s.) erwähnt werden: Et doctrina sua B. Gregorius Trajectum . . . cum illa inradiavit parte Fresoniae, quae tunc
temporis Christianitatis nomine censebatur. Idem usque in ripam occi-
dentalem fluminis quod dicitur Lagbeki, ubi confinium erat Christianorum
Fresonum ac paganorum cunctis diebus Pippini Regis. Lullus Mogun-
tiam metropolitanam civitatem cum maxima parte Christianorum Fresonum, qui in parochia urbis illius constiterunt, incoluit. Megingodus etc.
— es folgt die Aufzählung der anderen Schüler des Bonifatius. Ueber diese
Worte sagt Will, Regesten S. 37: (Lull) zieht die christlichen Friesen nach)
Mainz . . Die Frisones waren Wasserbaukünstler, wie Reichlin-Meldegg
in den Heidelberger Jahrbb. Jahrg. 65, S. 254, darthut. Was Rettberg 2,
S. 530, N. 28 über jene Stelle sagt, scheint Will entgangen zu sein. Nachdem
nämlich Rettberg nachgewiesen, daß Mainz und Friesen in keine Verbindung
zu bringen seien, sagt er: „Dazu paßt die Erwähnung der Friesen auch gar
nicht in den Zusammenhang . . . Es wäre gänzlich ungehörig, wenn von dem
Nachfolger des Bonifatius, Lullus, weiter nichts berichtet wäre, als Beschäftigung
mit einer Anzahl Friesen in Mainz; hier ist offenbar die Lesart verdorben
und statt Fresonum zu lesen Francorum; der Sprengel von Mainz umfaßte
ja wirklich den größten Theil des austrasischen Franciens. Die Corruption
erklärt sich daher, daß kurz zuvor bei Angabe der Wirksamkeit Gregors sich
dieselben Worte finden: Christianorum Fresonum. Ist man auch mit der
Ansicht Rettberg's nicht einverstanden, indem ja damals Verpflanzungen
häufig genug waren, oft verbunden mit Missionszwecken, an die man auch hier
denken möchte, so ist doch unklar, wie man dem Liudger unterlegen kann, beim
Schreiben jener Worte an Wasserbaukünstler, die Lull nach Mainz brachte,
gedacht zu haben.

[3]) Im ganzen sind es 34 Briefe, von denen 10 Lull selbst (einer, ep. 41,
zugleich den Denehard und Burghard) zum Verfasser haben, während die
übrigen an Lull gerichtet sind. Wenigstens 20 derselben haben die Reise über
das Meer gemacht.

sich auf diesen Verkehr. Freilich waren die Mittel, denselben herzu=
stellen, noch sehr unzureichend. Jeder Brief, jede einzelne Sendung
bedurfte eines besonderen Boten, und selbst diese Möglichkeit war oft,
z. B. in Kriegszeiten [1]), verschlossen. Nur wenn Friede sowohl in Gallien
als auch in Britannien herrschte und die Fürsten auch gegen äußere
Feinde, zumal gegen Seeräuber, Schutz gewährten, konnte man Boten
schicken. Gegenseitige Besuche kamen deßhalb selten vor, ganz abgesehen
von der an sich gefahrvollen und mühseligen Reise, deren Schwierig=
keiten der Bischof Milret von Worcester, welcher kurz vor dem Tode
des Bonifatius seine Landsleute in Deutschland besuchte, nur durch
die Gebete der frommen Heidenbekehrer überwunden zu haben schien [2]).
Jahrelang mußte wohl Lull auf ein Zeichen aus der Heimat warten, und
es ist bezeichnend, wenn der Abt Gudberctus schreibt, er habe demselben
vor sechs Jahren Geschenke gesandt, der Ueberbringer sei auf der
Reise gestorben, und über den Verbleib der Geschenke sei keine Kunde
zu ihm nach Britannien gedrungen [3]). Das Gesagte läßt erkennen,
daß in den Zeiten Lull's auch der unbedeutendste Brief einen erhöhten
Werth erhält.

Selbstverständlich mochten bei den Sendungen oft die mündlichen
Mittheilungen die Hauptsache ausmachen, so daß gewissermaßen das
überbrachte Schreiben fast nur als Beglaubigung des Boten erscheint.
Daher ist die Uebertragung einer Sendung immer ein Zeichen des
Vertrauens und ein Zeugniß für die Zuverlässigkeit des Boten [4]).

Wenn es die angelsächsischen Fürsten, wie Alhredus und Aeard=
vulfus, König von Kent [5]), nicht verschmähten, mit Lull in freund=
schaftlichen Briefwechsel zu treten, so finden wir den lebhaften Gedanken=
austausch zwischen diesem und den überseeischen Geistlichen selbstverständlich.
Eine ganze Synode beschäftigt sich sogar mit den Landsleuten in
Deutschland, nur ist es gewiß übertrieben, wenn Oelsner [6]), indem er

[1]) Jaffé, ep. 113; vgl. Oelsner, S. 428.
[2]) Jaffé, ep. 109, p. 267 s; vgl. Oelsner, S. 183.
[3]) ep. 134, p. 301.
[4]) Vgl. das zu ep. 79 oben S. 10 Gesagte.
[5]) ep. 120, p. 285.
[6]) Oelsner, S. 190 ff. bezieht den Brief des Cuthbert an Lull (ep. 108,
p. 261 s.) auf die Synode der Bilderfeinde zu Constantinopel im Jahre 754 und
meint, die englische Synode, von welcher Cuthbert berichtet, sei eine Gegen=
synode derselben gewesen. Wäre nun auch die durch nichts gestützte Behauptung:
der Mann von großer Autorität sei der griechische Kaiser, wahr, so ergiebt der
ganze Zusammenhang, die gelegentliche Anführung jenes Mannes (Nec mirum,
dum, post videlicet positis antiquorum patrum decretis ac legibus

eine nebensächliche Bemerkung zur Hauptsache stempeln will, annimmt, dieselbe habe durch Cuthbert von Kent Lull und seine Mitbischöfe durch Ermahnungen von heterodoxen Richtungen zurückhalten wollen. Der Brief, kurz nach dem Tode des Bonifatius geschrieben, ist ganz allgemein gehalten, fordert, wie dies jenes traurige Ereigniß von selbst ergab, zur Nacheiferung des großen Verstorbenen auf und warnt in allgemeinen Ausdrücken vor Irrlehren. Der Brief ist ein Zeugniß, wie eine angelsächsische Synode in schriftliche Verbindung tritt mit der Gesammtheit der Mitarbeiter am Reiche Gottes jenseits des Meeres, wie sie durch ihren Vertreter diesen ihre Gedanken über das wichtige Ereigniß, daß ein so großer Mann den Märtyrertod erlitten, nicht vorenthält, sondern wünscht, ähnliche Betrachtungen in denselben zu erwecken nicht nur zu eigenem Nutzen, sondern zu dem der gesammten Christenheit. Man fühlte in England, daß die Bedeutung des Verstorbenen, dessen Glanz ja auch die Heimat bestrahlte, einen entsprechenden Ausdruck erheische, und würdig konnte dies nur durch eine allgemeine Synode geschehen. Das Ergebniß der Berathung war die Bestimmung, daß des Bonifatius Todestag jährlich zu feiern und er selbst neben dem heiligen Gregor und dem heiligen Augustin als Patron der Angeln anzusehen sei. Davon sowie von den sich an diese Beschlüsse schließenden Betrachtungen, welche die Mitglieder der Synode nothwendigerweise — bei Besprechung des Verlustes einer der Säulen des Christenthums — auf die Schäden der Zeit (wie Irrlehren, Sektenwesen, Gottlosigkeit) führen mußten, macht Cuthbert im Namen der Synode den Verwaisten drüben in Deutschland, für welche gerade jetzt die Ermahnung, unter allen Umständen an den Lehren des Bonifatius festzuhalten, zu passen schien [1]), mit dem Versprechen jeder nur möglichen Hülfe Mittheilung.

Nicht unwesentlich wurde der Verkehr Lulls mit seiner Heimat gefördert durch die in der damaligen Zeit vorhandenen Schwierigkeiten, Bücher zu bekommen. Nur für werthe Personen unterzog man sich der mühseligen Arbeit, solche abzuschreiben, denn bei der Unsicherheit jener Zeiten dachte man wohl gar nicht an Verleihen werthvoller Schriften, ja selbst das Abschreiben wurde nicht immer gestattet [2]).

ecclesiasticis relictis, multi iuxta proprias adinventiones prava et plurimorum nociva saluti sentiunt adfirmant atque agunt; ut scilicet transacto anno a quodam magnae auctoritatis viro dictum et gestum esse constat.) die Unhaltbarkeit jener Auffassung der ep. 108.
[1]) Siehe oben S. 17 f. das zu ep. 108 Gesagte.
[2]) So schreibt Coena, Erzbischof v. York, an Lull, ep. 125, p. 291: iam

Wollte Lull also Bücher erhalten, so mußte er seine Boten nach Eng<lb>Englaud senden, um sich welche zu erbitten. So sendet er den Deue=<lb>wald an Dealwinus[1]) mit der Bitte um Schriften des Bischofs Alb=<lb>helmus. Aber nicht immer brachte der Bote die erbetenen Bücher mit.

Zu der Schwierigkeit, überhaupt nur Bücher zum Abschreiben zu<lb>erhalten, zu der Mühe, welche das Lesen[2]) und Schreiben selbst ver=<lb>ursachten, fügte sogar oft die Jahreszeit noch ihre Beschwerden, um<lb>das Erfüllen solcher Wünsche zu verhindern. Bei den damaligen<lb>ungenügenden Baulichkeiten und Heizvorrichtungen wundert es uns<lb>nicht, wenn wir in einem Briefe[3]) lesen, wie Kälte, Wind und Regen=<lb>stürme des Winters die Hand geradezu am Schreiben verhindert hätten.<lb>Wie gering in damaliger Zeit also der Austausch von Schriften sein<lb>mußte, ist nach dem Gesagten klar. Je schwieriger aber das Erlangen<lb>derselben war, desto enger mußten Bittende und Gebende unter ein=<lb>ander verbunden werden; jene durch das Gefühl, Großes zu verlangen,<lb>zu größerer Dankbarkeit verpflichtet[4]), diese durch das Bewußtsein,<lb>einen Schatz überliefert zu haben, zu größerer Freundlichkeit gestimmt.

Am meisten wurden die Bücher Bedas für Lull von seinen<lb>Freunden — oder vielmehr von ihnen und ihren Schreibern[5]) —<lb>abgeschrieben. Denn außer den heiligen Schriften — deren Kenntniß<lb>damals in den germanischen Ländern wenigstens noch als werthvollster<lb>Besitz galt[6]) — wurden gewiß keines Menschen Schriften in dem<lb>Maße begehrt und gelesen, als die Bedas, des vor wenig Jahrzehnten<lb>gestorbenen[7]). Zu großer Ehre rechnet es sich der Abt Gudberctus<lb>an, ein Schüler Bedas zu sein[8]); Lull schickt Geschenke, die er für<lb>die Reliquien desselben bestimmt, und alle Angeln, die zu Hause und<lb>die in der Ferne, waren einmüthig im Danke gegen Gott, daß er ihnen

---

sepius mihimet perscribere destinavi, sed non illorum potui scriptores<lb>adquirere; forte tuis adiutus subplicationibus.

1) Jaffé, ep. 76, p. 214.<lb>
2) ep. 125, p. 291.<lb>
3) ep. 134, p. 301.<lb>
4) Man vergleiche nur, wie flehentlich Lull um Bücher z. B. in ep. 122<lb>bittet, wie er sich bewußt ist, so schweres zu verlangen, daß es nur durch die<lb>vorhandene wahre Liebe gewährt werden könne.<lb>
5) ep. 134, p. 301: Nunc vero, quia rogasti aliquid de opusculis<lb>beati patris, cum meis pueris iuxta vires, quod potui, tuae dilectioni<lb>preparavi.<lb>
6) Cuthberctus v. Kent nennt ep. 108, p. 262 den Bonifatius tam<lb>praeclarum speculatorem caelestis bibliothecae.<lb>
7) Vgl. ep. 122, 123, 124, 134; Beda, † 735.<lb>
8) ep. 134, p. 300.

3*

einen so wunderbar begabten Mann von so ehrenfestem Charakter, der seine Gaben zum Wohle aller verwendete, geschenkt habe [1]).

Doch nicht bloß das Studium der geistlichen Schriften wurde in damaliger Zeit gepflegt, sondern auch weltliche Bücher beschäftigten das Interesse der Gelehrten. Medicinische Schriften besaß man z. B. in Wessex [2]) in ziemlicher Anzahl; Lull selbst beschäftigte sich mit geographischen Studien [3]), wenn er auch vergeblich aus England sich Cosmographien zu verschaffen suchte.

Gewiß stellt dieses Streben nach Büchern Lullus noch in anderer Beziehung hoch. Manche derselben mochten ihm schon bekannt sein, zumal Bedas Bücher hatte er gewiß schon im heimischen Kloster studirt, aber er suchte sie, die Bildung fördernden, nach Germanien zu verpflanzen, er legt Büchersammlungen an in rechter Würdigung des Werthes der Wissenschaften und pflanzt so die Keime zur weiteren Gesittung des Volkes, zur Hebung seiner Religiosität [4]). Recht wohl paßt daher ein Brief Karls des Großen [5]), worin er einen gewissen Erzbischof, einen Schüler des Bonifatius, ermahnt, seinen Klerus in den Wissenschaften zu unterrichten, da er außer ihm keinen passenden könne, auf Lullus.

Fast in allen Briefen, sowohl den aus England an Lull, als auch den von diesem an seine angelsächsischen Freunde gerichteten, werden Geschenke, die beifolgen, erwähnt. Bei oberflächlicher Betrachtung scheint es, als ob man es mit auf Gegenseitigkeit beruhenden Freundschaftsbezeugungen zu thun habe, aber ist es schon auffallend, daß aus England fast nur Kleidungsstücke an Lull gesandt werden, so überzeugt man sich bald, daß Unterstützungen der viehreichen Heimat die Briefe aus England begleiten, wenn man sich des oben erwähnten Berichtes erinnert, worin Bonifatius den König um Kleider für seine armen

[1]) Jaffé, ep. 134, p. 300.
[2]) ep. 410, p. 269. Daß Bischof Cyneharus v. Wessex bei Lullus Bücher medicinischen Inhalts sucht (ep. 110), könnte eine Bestätigung der Verse sein, welche Wilhelm v. Malmesbury in seiner Jugend oft gehört zu haben sich erinnert (Mab. l. c. p. 399) und welche Piderit in den Denkwürdigkeiten v. Hersfeld, S. 17 als die Grabschrift des Lullus bezeichnet:
Antistes Lullus, quo non est sanctior ullus
Pollens divina, tribuente Deo, medicina,
Occurrit morbis, ut totus praedicat orbis.
[3]) ep. 125, p. 291.
[4]) Vgl Will, Regesten, Einl. XIV; ferner Hahn, Forschgg. S. 108 und unten S. 52.
[5]) Sickel, A. K. 109, S. 47; vgl. Will, S. 44; aber auch die Zweifel Sickels (l. c. 263) an der Echtheit des Briefes.

Presbyter bittet, und wenn man die Stelle eines Briefes des Bischofs Cynehardus von Winchester an Lull berücksichtigt, wo der erstere versprciht, alle Unterstützungen weltlicher Art, welche jene Gegenden böten, Lull zukommen lassen zu wollen[1]. Fast scheint Lull in dem Brief, welchen die Antwort Cynehardus voraussetzt, darum gebeten zu haben. Auch sendet Cynehardus seinem Briefe nach an seinen Verwandten Lull wollene und leinene Unterkleider, einen Mantel, ein Taschentuch und Stiefeln; ein andermal[2] einen Anzug aus seinem Kleidervorrath, wie seine Vorgänger ihn' schon an Bonifatius geschickt hätten. Der Abt Botwinus schickt sechs Oberkleider[3]), der Abt Gubberctus einen Mantel aus Fischotternfell, später einen weißen und einen gefärbten von feinster Arbeit[4]), der Bischof Aeardulfus von Rochester ein Wamms[5]), der König Alhredus von Northumberland und seine Gemahlin Osgeofu zwölf Mäntel[6]). Nur zweimal werden als Geschenke Lulls Kleidungsstücke erwähnt, welche der Abt Gubberctus erhalten hatte[7]); doch will man auch nicht z. B. bei dem Worte sindon[8]) an ein besonders feines und seltenes Gewand denken, so sind diese Gaben zu unbedeutend, um die aufgestellte Behauptung zu widerlegen. Andere Geschenke sind seltener. Die genannte Sendung des Königs Alhredus begleitet ein goldener Ring; Erzbischof Bregowinus übermittelt eine beinerne Kapsel[9]), (vielleicht als Aufbewahrungsort für Hostien), und ein Presbyter Jungalice sendet vier Messer[10]) — vielleicht Rasirmesser; 20 Messer hatte der Abt Gubberctus[11]) dem oben erwähnten Fischotternmantel beigefügt — ein silbernes Brenneisen zum Kräuseln der Haare[12]) und ein Tuch;

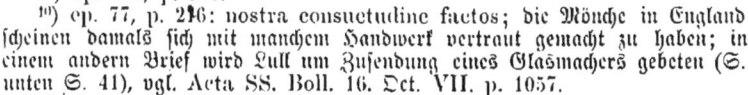

[1]) Jaffé, ep. 110, p. 269 s.
[2]) ep. 121, p. 287.
[3]) ep. 129, p. 296.
[4]) ep. 134, p. 301.
[5]) ep. 120, p. 286.
[6]) ep. 119, p. 285.
[7]) ep. 124, p. 290 und ep. 134.
[8]) ep. 124, p. 290.
[9]) ep. 113, p. 278.
[10]) ep. 77, p. 246: nostra consuetudine factos; die Mönche in England scheinen damals sich mit manchem Handwerk vertraut gemacht zu haben; in einem andern Brief wird Lull um Zusendung eines Glasmachers gebeten (S. unten S. 41), vgl. Acta SS. Boll. 16. Oct. VII. p. 1057.
[11]) ep. 134, p. 301.
[12]) Vgl. Rettberg 1, S. 405; nach Acta SS. ib. ist unter calamister zu verstehen: fistula (cfr. Facciolati), quae ad bibendum adhiberi poterat, qua aurea adhuc hodiedum utuntur Romani Pontifices ad sacrum sanguinem in Missae sacrificio hauriendum. Will, Regesten S. 19 u. 85 übersetzt „Kamm."

Gudberctus legte seiner Sendung noch eine Glocke bei, die er gerade zur Hand hatte. Wenn Lull sich für solche Geschenke erkenntlich zeigen wollte, so sandte er nach England Dinge, welche dort schwer zu bekommen waren. An die Aebtissin Cuneburga schickt er [1]) im Verein mit seinen Genossen Denehardus und Burghardus Weihrauch, Pfeffer, Zimmt. Die Aebtissin Eadburga erhält von Lull [2]) ebenfalls Zimmt, Storax und einen silbernen Schreibgriffel. Der Abt Gudberctus dankt [3]) für erhaltenen Seidenstoff zur Hülle für Bedas Reliquien; ebensolcher [4]) begleitet einen Brief an den Erzbischof Coena [5]) und einen andern, der ebenfalls an den Abt Gudberctus adressirt ist [6]).

Ueberwog auch nach den vorhandenen Briefen der Verkehr Lulls mit seiner Heimat, so sind doch auch Zeugnisse für ein reges, freundschaftliches Verhältniß mit Personen auf dem Festlande vorhanden. Wie schon oben erwähnt, war Gregor von Utrecht Lulls Freund [7]), und der Bischof von Würzburg Magingoz pflegte nichts wichtigeres vorzunehmen, ohne sich darüber zuvor mit Lull schriftlich oder mündlich berathen zu haben. Von diesem regen Gedankenaustausch geben uns drei Briefe des Magingoz an Lull die Beweise, während die Antworten Lulls, die von großem Interesse für dessen Persönlichkeit und Anschauungsweise sein würden, fehlen. Wie nahe sich beide Bischöfe standen, beweist auch, daß Willibald beiden sein Leben des Bonifatius widmet [8]). Auch die Passio S. Bonifatii nennt beide zusammen [9]).

Von den drei Briefen ist am interessantesten ep. 132 [10]), in welcher Magingoz fast in Verzweiflung über Ehesachen, sich bei Lull Raths erholt. Schon Bonifatius zeigte in manchen Stücken des canonischen Rechts und zwar gerade in solchen, welche die Ehe betrafen, die größte Unsicherheit [11]), um so weniger wundert uns dies von dem Bischof von Würzburg. Um dogmatische Studien sich zu kümmern, hatte man in jener Zeit, wie überhaupt in den Zeiten der Ausbreitung des Christenthums und des Kampfes gegen antichristliche Elemente, wenig Muße

[1]) Jaffé, ep. 41, p. 110.
[2]) ep. 75, p. 214.
[3]) ep. 134, p. 300.
[4]) Will, Regesten S. 41: ein seidenes Altartüchlein.
[5]) ep. 122, p. 288.
[6]) ep. 123, p. 289.
[7]) ep. 111, p. 270 s.
[8]) Jaffé, p. 429.
[9]) ib. p. 474 und 481.
[10]) ib. p. 298.
[11]) Vgl. Rettberg 1, S. 324.

und Veranlassung. Höchstens konnten solche Fragen, welche das täg=
liche Leben berührten, Gelegenheit zu gelehrten Untersuchungen bieten.
So mochten Eheftreitigkeiten veranlassen, nachzuforschen, wie die Päpste
und Kirchenväter über solche Punkte dachten. Und wenn man danach
bei der Verschiedenheit der Ansichten derselben nicht mehr wußte als
vorher — und in diesem Falle befand sich Magingoz —, so wandte
man sich an einen Freund um Rath [1]). Auch andere schwierige Ver=
hältnisse veranlassen beide Bischöfe zu stetem Briefwechsel: Die Besetzung
der Stelle einer Aebtissin [2]), von deren Tüchtigkeit in damaliger Zeit
der Bestand des Klosters abhängen konnte [3]), Zweifel über Maßregeln,
durch die man am besten das Herumstreifen der Kleriker verhindere [4]),
welches jedenfalls höchst nachtheilig für Klöster und andere geistliche An=
stalten sein mußte. Nicht nur wurde die Ordnung und Festigkeit der
Anstalt selbst erschüttert, sondern dies Herumtreiben mußte auch höchst
verweltlichend auf die einzelnen Kleriker wirken [5]). Viele Entschuldigungen
hatten die letzteren gewiß, man denke nur an Krankenpflege u. dergl.,
sie mochten sogar jenes feste Verweilen in der Anstalt für unmöglich
halten, so daß es eingehender Ueberlegungen bedurfte, um Mittel gegen
solches schädliche Treiben zu finden [6]). Um Angabe solcher Mittel

---

[1]) Oelsner, S. 312 f. erkennt mit Recht darin, daß der Brief 132 nicht
Bezug nimmt auf die Concilien v. Verberie und Compiègne, welche genaue
Bestimmungen über Ehesachen treffen, einen Grund, die Abfassung des Briefes
vor jene Concilien verlegen, also vor das Jahr 756, so daß der Brief zwischen
den Jahren 754 und 756 geschrieben wäre.

[2]) Jaffé, ep. 128, p. 294.

[3]) Vergl. Rettberg 2, S. 331 f.

[4]) Vielleicht könnte man hier an Nachwirkungen aus der Zeit der alten
brittischen Missionäre denken, die bei ihrer Wirksamkeit sich nicht an kirchliche
Orte banden, sondern in Feld und Wald, sowie in den Hütten ihrem Berufe
oblagen. (Rettberg 1, S. 323 und 315).

[5]) Vgl. ep. 126, p. 292: S. unten S. 40.

[6]) Jaffé, ep. 135, p. 302: Sed necessarium existimo, ut diligentiur
provideatur, quo pacto vel quibus instrumentis peregrinationis illius,
quam sicut scitis optimam (sequitur locus rasus septem fere litterarum)
stabilitas et possibilis et — si fieri potuerit — inexcusabilis hiis, cum
quibus presens causa agenda est, omni rationis firmitate comprobetur.
Unverständlich ist Jaffé's Conjectur: impossibilis für possibilis zu schreiben,
wenn man übersetzt: Aber für nothwendig halte ich, daß besser dafür gesorgt
werde, auf welche Art und mit welchen Mitteln gegen jenes Herumstreifen . . .
die Festigkeit sowohl als möglich, als auch — wenn es geschehen könnte — als
unentschuldbar (d. i. deren man sich nicht weigern kann) durch jedes Zwangs=
mittel dargelegt werde. — Im Uebrigen ist dieser Brief, weil sich Magingoz
auf mündliche Besprechungen bezieht, nicht ganz klar. Dies erhellt schon daraus,
daß Rettberg 2, S. 318 aus demselben liest: „ein Verwandter will Mönch
werden, was er (Magingoz) für bedenklich hält;" Will hingegen (Regesten
S. 43): „Bischof Magingoz v. Würzburg bittet ihn, mit ihm gemeinsam

bittet nun Magingoz seinen Freund Lull. Und dieser war in der Lage, aus seiner Praxis als Antwort einen Fall vorzulegen [1]), in dem er nicht nur zwei Nonnen, welche ihr Kloster verlassen hatten [2]), und nicht nur die Aebtissin Suitha, welche ohne Lull zu befragen, ihre Erlaubniß gegeben, sondern auch alle übrigen Nonnen, weil sie jene nicht vor dem Fehltritt bewahrt, sondern nachlässig gar beigestimmt hätten, ohne alles weitere excommunicirte und ihnen Enthaltung von allem Fleisch und Honigtrank auferlegte; die beiden Nonnen aber sollten nach ihrer Zurück- kunft draußen vor dem Kloster bei Wasser und Brod ihr Vergehen büßen. Um so mehr kann die Strafe, die Lull in diesem Falle ver- hängte, eine strenge genannt werden, als sonst allerdings der Excommuni- cation der Verweis vorauszugehen pflegte [3]). Daß diese Strafen oft angewendet wurden, erkennt man einestheils aus den schon angeführten Fällen, die gewiß nicht vereinzelt dastanden [4]), anderntheils erklärt es sich aus dem damaligen Stand der Bildung unter den germanischen Völkern. Die Zeiten erschienen manchem so roh, daß man sogar an „die letzten Tage" denken konnte. Räubereien waren an der Tages- ordnung, und Gehässigkeiten aller Art mochten nicht nur aus dem un- gebildeten Sinn der damaligen Menschen, sondern auch aus wirklicher Bosheit stammen. Das einzige Gegenmittel aber, die Kirche, schien in größter Gefahr. Sekten aller Art bedrohten die Einheit derselben, die Gesetze der Väter wurden verachtet, alles Bestehende erschien in Frage gestellt. Doch der gesunde Sinn der Bischöfe vergeudete nicht in Klagen und unaufhörlichen Bitten zu den Heiligen seine Zeit, sondern wußte

oder einzeln zu ergreifenden Maßregeln zu berathen, um einem seiner Ver- wandten den Eintritt in den geistlichen Stand zu ermöglichen." Man könnte vielleicht aber in dem Briefe auch folgendes erkennen: Ein Verwandter des Magingoz, der schon Geistlicher ist, vielleicht Abt eines Klosters, will es mit den Klosterregeln nicht so genau genommen wissen und hat darauf bezügliche Vorschläge an Lull ergehen lassen; der Brief beginnt: In conloquio nuper vene- randae fraternitatis tuae comperti sumus: quia consilium proximi nostri cuiusdam minus caute saeculi impedimento postposito viam religionis ingredi cupientis, prudentiam vestram prevenire utiliore consulto voluisset; vor allem will er den Mönchen freiere Bewegung außerhalb des Klosters ge- statten (vgl. die oben angeführten Worte des Briefes). Gegen diesen Rath ist das Schreiben des Magingoz gerichtet.

[1]) Wenn man nicht annehmen will, daß ep. 126 nach ep. 135 geschrieben wurde, so daß dann das Verfahren Lulls den nach beiderseitigen Ueberlegungen gefaßten Beschlüssen entsprechen würde.

[2]) Rettberg 2, S. 659 denkt an grobe Unsittlichkeit der beiden umher- schweifenden Nonnen; hierzu zwingende Gründe enthält jedoch der Brief nicht.

[3]) Vgl. Jaffé, ep. 114, p. 279.

[4]) Vgl. ep. 135, p. 302.

auch praktische Wege der Abhülfe. In dieser Hinsicht mochte die Er=
innerung an den thatkräftigen, zusammenhaltenden Sinn des Bonifatius
höchst segensreich wirken [1]).

Mit Rohheit waren zu allen Zeiten Genuß= und Prunksucht ver=
bunden, also wird es uns nicht überraschen, wenn Lull [2]) auch hier=
über klagt. Römische Verweichligung hatte wohl schon lange die
früheren Grenzländer ergriffen. Im besonderen klagt Lull über den
Umgang mit fremden Frauen und die Unsitte große Dienerscharen zu
halten, welche schon im alten Rom so verderblich wirkte.

Wie eine Mahnung, sich nach allen diesen Klagen die damaligen
Zustände nicht zu roh vorzustellen, klingt die Bitte des schon erwähnten
Abtes Gudberctus an Lull, ihm einen Citherspieler zu senden [3]). Der
englische Abt besaß eine Cither, aber keinen Künstler dazu; das In=
strument veranlaßt ihn, Lull um einen solchen zu ersuchen. Allerdings
bittet er dabei, ihn nicht auszulachen, so ungewöhnlich, um nicht zu
sagen auffallend, erschien ihm sein Verlangen. Auch die Fertigkeit,
gläserne Gefäße herzustellen, war in England damals noch wenig ver=
breitet, während Gudberctus für Deutschland sie voraussetzt, indem er
in demselben Briefe Lull bittet, ihm einen Glasmacher zuzusenden.

Als ein anderes Zeichen, daß auch mildere Sitten Platz fanden
unter den Menschen des 8. Jahrhunderts, können die Geschenke gelten,
welche man den Kirchen darbrachte. Abgesehen von den großen Ver=
gabungen an Klöster und Kirchen, durch welche Fürsten und Groß=
grundbesitzer ihre Frömmigkeit zu beweisen suchten, schenkt auch der ge=
meine Mann was eben in seinem Besitz ist. Kleider, Waffen, Gold,
Silber, Spangen, Ringe, aber auch Hausthiere und sogar Sclaven
findet man als Gaben der Gläubigen aufgezählt [4]). Der Standpunkt,
welchen das Christenthum schon in der Bibel gegenüber der Sclaverei
einnimmt, war auch jetzt noch beizubehalten, denn zu eng war noch
diese Einrichtung mit dem Volksbewußtsein verbunden, und ein Sclave
war keineswegs damals das höchste Geschenk, sondern wir finden, daß

---

[1]) Jaffé, ep. 108, p. 261 s.
[2]) ep. 111, p. 273.
[3]) Vielleicht könnte diese Bitte, d. h. die Voraussetzung eines Citherspielers
in Deutschland, veranlassen, den Brief 134 in die spätere Zeit Lulls zu ver=
weisen, als Karls d. Gr. kunstsinnige Veranstaltungen jene Vermuthung schon
leichter entstehen ließen. Jaffé setzt den Brief zwischen die Jahre 755—786.
[4]) Jaffé, ep. 114, p. 280; zum Theil sind diese Geschenke sehr werthvoll:
u. a. werden zwei goldene Spangen und fünf goldene Siegelringe im Preise
von 300 Solidis aufgeführt.

man drei Sclaven und zwei Sclavinnen gegen ein Pferd tauschte. Ein andermal galt allerdings ein Sclave so viel wie ein Pferd. Uebrigens schätzte man die Tauschobjekte nicht nur gegeneinander in relativer Weise ab, sondern man hatte schon den allgemein gültigen Werthbegriff der Münze, und zwar rechnete man nach Solidis [1]. Die Geschenke an die Kirche wurden oft durch die Sorge für die Seelen Verstorbener veranlaßt, und die Gedanken, durch welche sie bedingt wurden, mochten sich anlehnen an die alten heidnischen Todtenopfer. Vielfach sah sich die Kirche damals auf solche freiwillige Gaben angewiesen, denn bei dem ausgesprochenen Widerwillen der Deutschen gegen den Zehnten — wie gegen alle Abgaben, bedurfte es erst besonderer Veranlassungen, welche einen zur Leistung des Zehnten auffordernden Befehl motivirten. So erläßt König Pippin ein Rundschreiben an die Bischöfe seines Reiches [2], worin er nicht nur Dankesgottesdienste für ein fruchtbares Jahr anordnet, sondern auch jeden seiner Unterthanen — aut vellet aut nollet — zum sichtbaren Danke durch Leistung des Zehnten auffordert. Man pflegte aber Gott nicht nur für seine Wohlthaten zu danken, sondern richtete an ihn auch Bitten zur Abwendung von Uebeln. Gab es in dieser Hinsicht bestimmte Messen, welche man z. B. bei andauerndem Regenwetter feierte, richtete der Geistliche und das Volk gemeinsame Gebete in solchen Fällen an Gott, so entspricht das noch unserem religiösen Gefühl. Aber wenn Lull [3] den Priestern in Thüringen befiehlt, sie sollten, um die Geißel des Regens zu bannen, eine Woche hindurch kein Fleisch essen, keinen Meth trinken, dreimal innerhalb dieser Woche vom Morgen bis zur Vesper fasten, und Priester und Nonnen sollten an jedem Tage dieser Woche 50 Psalmen singen, so ist das doch eine starke Annäherung an die Anschauungsweise der Heiden. Freilich trifft dieser Vorwurf nicht Lull allein, sondern die ganze Kirche, der er angehört.

Auch fast abergläubische Vorstellungen verbanden sich mit der Für-

---

[1] Der Solidus und der Denar waren von den Römern zu den Franken gekommen, sie rückten damals mit dem Christenthum weiter nach Osten vor; doch war auch der Werth dieser Münzen noch kein unveränderlicher, sondern bei den verschiedenen Stämmen verschieden; nur ungefähr also kann man sich, denselben vorstellen als dem Werthe einer Kuh gleichstehend (Rettberg 2, S. 648).

[2] Jaffé, ep. 115, p. 281; wahrscheinlich aus dem Jahre 765; Oelsner S. 383, N. 2; s. oben S. 24.

[3] Jaffé, ep. 116, p. 281; vgl. oben S. 28.

spradje der Heiligen. So glaubte man[1]) nur bei starrem Festhalten
an dem von Bonifatius Bestimmten an diesem Märtyrer bei Gott einen
Fürsprecher zu erhalten, im andern Falle jedoch hielt man Bonifatius
für einen eifrigen Vertheidiger seiner Einrichtungen und für den furcht=
baren Ankläger der eigenmächtigen Neuerer. Jeder mußte also streben,
ein Freund des Heimgegangenen zu heißen, denn ein so großer Mär=
tyrer konnte viel durch seine Fürsprache wirken, und je enger der
Freundesbund, desto öfter wurde sie eingelegt[2]). Doch mag auch diese
Ansicht bei den damaligen schwankenden Zuständen Gutes gewirkt haben.
Jedenfalls war es ein über manches Ungemach hinwegsetzendes Bewußt=
sein, im Jenseits einen theilnehmenden Freund zu haben. Tröstete doch
schon außerordentlich die angelsächsischen Glaubensboten der Gedanke,
daß in der Heimat über dem Meere Freud und Leid der Landsleute
im wilden Germanien lebhaften Wiederhall fanden, daß diese Theil=
nahme zu häufigen Gebeten und vielwirkenden Fürbitten treibe. Wundern
kann es deshalb nicht, wenn man immer wieder, um den Segen der
Fürbitten zu ernten, dahingehende Bitten ausgesprochen findet[2]), indem
der Briefschreiber seine eigne Thätigkeit in dieser Hinsicht verspricht.
Ja, man sandte sogar nur zu dem Zweck, die Fürbitten eines andern
zu gewinnen, Boten und Briefe[4]), in denen man an die Gebote der
Liebe, welche der Heiland den Menschen gab, zur Verstärkung der Bitte
erinnerte. Allerdings glaubte man auch), daß nur diesen Fürbitten
eines frommen, angesehenen Christen es zuzuschreiben sei, falls es einem
wohl ergehe. Ja, die eigne Besserung und Vervollkommnung machte
man von solchen Fürbitten abhängig[5]). Man ging noch weiter und
schickte sich sogar gegenseitig die Namen der untergebenen Geistlichen,
der Freunde oder Verwandten auf Listen zu, damit gegenseitige nament=
liche Fürbitte für jeden einzelnen die Wirkung um so sicherer mache[6]).
Diese Listen wurden[7]) allen Kirchen und Klöstern, über welche der
Betreffende zu verfügen hatte, bekannt gegeben, und der Namen wurde
täglich im Gebet gedacht; daß in den meisten Fällen die Personen den
Betenden unbekannt waren, that nichts zur Sache. Auch Messen wurden
nach Verabredung für das Seelenheil Verstorbener gehalten, ein Be=

---

[1]) ep. 108, p. 265 squ.
[2]) ep. 109, p. 267.
[3]) ep. 41; 75; 76; 77; 78; 117; 120; 129 :c.
[4]) ep. 127, p. 293.
[5]) ib.
[6]) ep. 110, p. 269; 123, p. 289; 131, p. 297.
[7]) ep. 119, p. 284.

weiß, wie hoch man die Wirkung der Messen anschlug [1]). Sogar die angelsächsischen Könige verschmähten es nicht, die Bitte um „Gebet=verbrüderung" [2]) an Lull zu richten [3]). Und gewiß war für die Ent=wicklung des Christenthums nicht nur unter den Angeln, sondern auch unter den Deutschen von größter Wichtigkeit, daß die angelsächsischen Könige sich mit demselben lebhaft beschäftigten und christliche Be=strebungen eifrig unterstützten. Man bekommt den Eindruck eines patriarchalischen Verhältnisses, wenn man die Briefe jener Fürsten liest. Cynewulf, König der Westangeln [4]), spricht sogar von „unserer Congregation", was auf die engste Verbindung mit seinen Geistlichen hindeutet. Auf diese Weise wurde natürlich der König seinen Unter=thanen näher gerückt, als es im Frankenreiche üblich war, und daher erklärt es sich, wie der Bischof Aearbulfus in einem Briefe an Lull [5]) den König von Kent Aeardvulfus „sanctae ecclesiae filium" nur eben nebenbei in der Ueberschrift erwähnt, wie ferner der Abt Eanwulf [6]) Karl den Großen ohne weiteres an die Ausbreitung des christlichen Glaubens mahnen kann. Aber jedenfalls stand diese Gleichstellung dem christ=lichen Ideenkreis sehr nahe — auch erbten die christlichen Priester den Einfluß der heidnischen [7]) —, und das Streben der Fürsten, ein Ver=hältniß gegenseitiger Fürbitten anzuknüpfen, sowie überhaupt dieser jener Zeit eigenthümliche Zug stellte nicht nur die für die Anfänge der christ=lichen Kirche unter den verschiedenen Völkern so nöthige Verbindung her, sondern dieses äußere Zeichen der innern Einmüthigkeit, die des gleichen Grundes sich bewußt war, trug außerordentlich viel dazu bei, daß die Verkündiger des Evangeliums immer wieder neue Kraft und neuen Muth fanden zur Ausübung ihres Berufs in rohen, gefahrvollen Zeiten.

Daß Lullus bei seiner Berufsthätigkeit, trotz seines beschränkteren

---

[1]) Vgl. den Todtenbund zu Attigny (s. oben S. 29), der Messelesen für verstorbene Mitglieder zum Zweck hatte, und ep. 104, p. 256 sowie ep. 116, p. 282. Vgl. zu der letzteren das oben (S. 42) Gesagte und Rettberg 2, S. 788, wo auch hervorgehoben wird, daß die Sitte der gegenseitigen Fürbitten, des gegenseitigen Messelesens von Britannien zu stammen scheine. Vgl. auch Zappert, über sogenannte Verbrüderungsbücher ꝛc. in den Sitzungsberichten der Wiener Akademie, 10. Bd. IV. 1853.
[2]) Abel, a. a. O., 441.
[3]) Jaffé, ep. 138, p. 306; ep. 119, p. 284.
[4]) ep. 138. Vgl. Lappenberg, Gesch. v. England, 1, S. 265.
[5]) ep. 120, p. 285.
[6]) Jaffé, ep. 118, p. 283, s. oben S. 26.
[7]) Lappenberg 1, S. 577.

Einflusses, doch auch seine Stellung weiter faßte und Verständniß für die Pläne seines größeren Vorgängers hatte, zeigte die Gründung des Klosters Hersfeld.

Rettberg[1]) meint allerdings, Bonifatius habe für das Kloster Fulda eine Einöde herausgesucht zu einer mönchischen Anstalt für Askese und Contemplation, nicht aber für Mission und Aufklärung. Dieser Auffaßung steht jedoch entgegen die Stelle des Briefes 79[2]), in welcher Bonifatius dem Papste Zacharias mittheilt, daß vier Völker (Thü= ringer, Hessen, Franken, Sachsen), denen er durch die Gnade Gottes das Wort Christi verkündet habe, im Umkreise des Ortes wohnten, welchen er mit des Papstes Vermittlung, so lange er lebe und Einsicht besitze, nützlich sein könne. Diese Worte hätten in ihrem Zusammen= hang keine Bedeutung, wenn man nicht annähme, daß Bonifatius durch die Anlage von Fulda für Verbreitung des Christenthums hätte wirken wollen. Entsprach es doch seiner Natur, mehr durch That und Bei= spiel als durch Predigt zu wirken. Fulda sollte der Mittelpunkt des Feldes geistiger Thätigkeit sein, nicht für ihn und andere eine Ruhe= stätte, sondern die Sonne, deren Strahlen neues Leben wirken und das schon erzeugte kräftigen sollte.

Auch Lull sah die Bedeutung Fuldas ein, um so weniger konnte er in eine Loslösung dieser Abtei von der hierarchischen Ordnung der Kirche in Deutschland willigen. Er glaubte wohl sogar, nachdem das Band zwischen ihm und Fulda zerschnitten, letzteres könne die ihm zu= stehende Aufgabe nicht mehr erfüllen, — so entstand in ihm der Ge= danke, in jener Gegend ein neues Kloster zu gründen. Hiermit fällt auch der Vorwurf Wenck's[3]), als ob Lull Hersfeld gegründet habe, um den Fuldaern seinen Zorn empfindlicher zu machen; wohl aber geht aus allem hervor, daß die Spannung zwischen Lull und Sturm sich keineswegs milderte. Eine Bestätigung hierfür giebt Sturm selbst durch die Worte, welche er, wie Eigil erzählt, vor seinem Tode an seine Ge= treuen richtete: „Allen verzeihe ich, sogar dem Lull, der stets mein Widersacher war"[4]).

Von Karl dem Großen erwarb Lullus sich wohl den Besitz des Ortes[5]), wie Bonifatius einst die Gegend von Fulda aus der Hand

[1]) S. 371.
[2]) Jaffé, p. 220.
[3]) Hess. Landesgesch. II. S. 289 ff.
[4]) vita Sturmii bei Mab. l. c. p. 284; vgl. Abel, S. 159.
[5]) Rettberg 1, S. 604, N. 55.

des Frankenfürsten erhielt. Weniger konnte Lull daran denken, durch ein päpstliches Privileg seine Stiftung zu sichern [1]), fehlten doch jetzt die Beziehungen, die einst Bonifatius so eng mit dem päpstlichen Stuhle verbanden, während andererseits der Landesherr auch die kirchlichen Verhältnisse durchaus selbständig ordnete. Ganz selbstverständlich er= strebte daher Lull Karls des Großen Schutz für Hersfeld. Auf der Synode zu Kiersy am 5. Januar 775 erfüllte der König die Bitte des Bischofs und ertheilte dem Kloster, nachdem dasselbe ihm von Lull übergeben worden war, ein Privilegium [2]).

Das Jahr der Gründung Hersfelds [3]) läßt sich nicht genau be= stimmen. Am 5. Januar 775[4]) wurde ihm auch die erste Schenkung durch Karl den Großen und zwar die königliche Villa zu Salzungen an der Werra zu Theil, und im Jahre 765 mußte Lull seine Ansprüche auf Fulda fallen lassen. Kann derselbe vor dieser Zeit nicht an den Bau eines Klosters in jenen Gegenden gedacht haben, so bedeuten die genannten Jahrzahlen die Grenzen, zwischen welchen der Bischof seinen Plan faßt und verwirklicht. Veranschlagt man die Unwahrscheinlichkeit, daß Lull unter Pippins Regierung noch den Bau des Klosters be= gonnen habe [5]), dann die Vorarbeiten zu solch einem Unternehmen, ferner die römische Reise im Frühjahr 769, so wird man wohl den Beginn des Baues nicht vor Sommer 769 setzen. .

Für seine Stiftung, jedenfalls sein wichtigstes Werk [6]), that Lull alles, was in seinen Kräften stand. Um Hersfeld Bedeutung zu ver= leihen, wandte er ihm später, etwa im Jahre 780 [7]), jedenfalls nach dem Jahre 774 [8]), die Gebeine Wigberts aus Fritzlar zu, des ersten Abtes dieses Klosters. Die Art und Weise dieser Ueberführung will uns allerdings nicht gefallen. Entweder er selbst oder sein Freund Witta, Bischof von Buraburg, hatte einen Traum, in welchem durch einen Engel der Befehl ertheilt worden sein soll, die Gebeine des Hei= ligen nach Hersfeld zu schaffen. Lullus, um diesen Befehl auszuführen,

---

[1]) Ueber das angebliche Privileg Stephans vgl. Rettberg 2, S. 677 und Abel, S. 158, N. 8.
[2]) Sickel, A. K. 34, S. 25 und S. 241 f.; ders. Beiträge I. S. 45; III. S. 35; IV. S. 23.
[3]) Ueber den Namen und die Vorgeschichte Hersfelds f. Rettberg 1, S. 602 f. und Abel, S. 156.
[4]) Sickel, A. K. n. 35.
[5]) Vgl. Will, Regesten S. 38.
[6]) Rettberg 1, S. 578.
[7]) Abel, S. 282.
[8]) Ders. S. 151.

verschaffte sich die Erlaubniß Karls des Großen und ließ heimlich, um
nicht in Fritzlar Aufruhr zu erregen, die Uebertragung der Gebeine
ausführen [1]). Von Unrecht ist hierbei Lull nicht freizusprechen, wenn
auch zu seiner Entschuldigung gesagt werden kann, daß das Erwerben
von Reliquien durch List, sogar das Stehlen derselben, in damaliger
Zeit häufig vorkam und fast nicht mehr als Unrecht betrachtet wurde [2]).
Auch dachte man über Träume damals noch anders als heutzutage,
und daß Lull gern träumte, was er wünschte, ist ebenfalls zuzugeben,
aber trotzdem kann man sich nicht überwinden zu glauben, Lull habe
bona fide gehandelt. Natürlich erfolgte in Hersfeld eine prächtige
Bestattung und namhafte Wunder blieben nicht aus. Reichliche
Schenkungen [3]), der Schutz Karls des Großen [4]),' Vorbedingungen für
geistige Bestrebungen, brachten die Stiftung Lulls bald zur Blüthe.

Nach dem Westen und Süden hin kann, wenigstens im Anfang
seiner Amtsführung, von einer Wirksamkeit Lull's nicht gesprochen
werden, zumal da diese Gegenden dem Einflusse eines bedeutenderen
Kirchenfürsten sich unterstellten, des Erzbischofs Chrodegang von Metz.
Dies tritt, wie schon [5]) oben hervorgehoben, auf der Synode zu Attigny
deutlich hervor, auf welcher wir Lull im Jahre 762 finden. Noch
mehr spricht für diese Ansicht die Gründung des Klosters Lorsch, dessen
Einrichtung nicht etwa dem Bischof von Mainz, in dessen Sprengel Lorsch
lag, aufgetragen wurde, sondern, mit gänzlicher Uebergehung desselben,
dem Erzbischof Chrodegang von Metz. Aber gerade bei der Geschichte
dieses Klosters erkennt man, wie allmählich — zumal nach dem Tode
Chrodegang's [6]) — die Person Lull's immer mehr in den Vordergrund
tritt. Denn niemand anders als Lull vollzieht die endlich am 14. August
771 [7]) stattfindende Einweihung des Klosters, und eine glänzende Ver=

---

[1]) Rettberg 1, S. 597; vgl. Abel, S. 281.
[2]) Vgl. Piderit, Denkwürdigkeiten v. Hersfeld, S. 18.
[3]) Namentlich auch des Königs, vgl. Sickel, A. K., n. 47, S. 29; n. 48,
S. 30; n. 49, S. 30; n. 65 und 67, S. 35; n. 75, S. 38; n. 93, S. 43;
n. 106 und 107, S. 47; die beiden letzten Urkunden sind am 31. August 786
ausgestellt, und man könnte versucht sein, daraus zu folgern, daß Lull zu dieser
Zeit noch gelebt habe, doch als Abschriften (wenn auch echter Urkunden) aus
dem 10. und 12. Jahrhundert können sie nichts beweisen (Sickel a. a. O.
S. 261 f.).
[4]) S. oben S. 26.
[5]) S. 29.
[6]) Am 6. März 766: Oelsner, S. 401.
[7]) In der Streitfrage, ob am 14. Aug. oder 1. Sept. die Weihe stattfand,
faßt Will, Regesten S. 38 f. die sehr erheblichen Gründe für den 1. Sept.
zusammen.

fammlung umgab hierbei den Bifchof von Mainz; denn nicht nur die
Bifchöfe von Würzburg, Trier, Metz und Paffau [1]) waren zugegen,
fondern König Karl felbft mit feiner Gemahlin, feinen Söhnen und
vielen Großen hatte fich von Speyer aus eingefunden, wohin ihm Guu=
deland, der Abt von Lorfch, um ihn zur Feier einzuladen, entgegen
gekommen war. Und Karl kam gerne zu dem frohen Fefte, war er
doch felbft noch freudig bewegt durch den eben glücklich beendeten Feld=
zug gegen die Langobarden.

Schon vor dem Jahre 774 ift erfichtlich, daß Lull den hervor=
ragenderen Bifchöfen des Reiches beigezählt wird, denn er ift einer
der fränkifchen Bifchöfe, die im Anfang des Jahres 769 nach Rom
reifen, um auf Wunfch des Papftes Stephan III. an der Synode,
welche am 12. April [2]) den Ufurpator des päpftlichen Stuhles Con=
ftantin richtete, theilzunehmen [3]).

Gegen Ende feines Lebens wird Lull von Krankheiten heimgefucht,
und Klagen hierüber, die in Briefen an Freunde ihren Ausdruck finden,
belehren uns, wie fehr er diefer Erde Mühe und Laft müde ift [4]).
Nur felten finden wir ihn noch außerhalb Mainz, doch ift er thätig
bei Auffindung der Gebeine St. Goars. Von Karl dem Großen
empfing er nebft Bafinus von Speyer und Magingoz von Würzburg
den Auftrag, die neue Kirche von Goarszelle einzuweihen. Die Ueber=
führung der Gebeine des volksthümlichen Heiligen in diefelbe, welche
dem Akte der Einweihung vorausging, war ein Volksfeft, bei welchem
Wunderthaten des Heiligen nicht ausblieben. Die Zeit diefer Begeben=
heit ift nicht genau zu ermitteln, fie fällt aber jedenfalls zwifchen die
Jahre 771 und 782 [5]).

Um diefelbe Zeit etwa (ca. 778) foll Lullus das Klofter Bleiden=
ftadt gegründet und die Gebeine des heiligen Ferrutius, nach ihrer
Erhebung in Kaftel, dorthin überführt haben. Diefe Angabe entftammt
einer Legende aus der zweiten Hälfte des 9. Jahrhunderts [6]) und er=
fcheint deshalb wenig gefichert, doch kennt auch Rabanus Maurus Lullus
als denjenigen, welcher jene Ueberführung bewirkte, wie aus folgenden

---

[1]) Magingoz, Weomod, Angilram und Walbricus, der nach Rettberg I,
S. 585 nur nach Paffau paßt; vgl. Abel, S. 149.
[2]) Abel, S. 52.
[3]) Rettberg I, S. 577.
[4]) Jaffé, ep. 122, p. 288; ep. 123, p. 289.
[5]) Abel, S. 348; vgl. Oelsner, S. 358, N. 4.
[6]) Rettberg I, S. 586 f; vgl. Abel, S. 444.

Verſen hervorgeht, die er einem von ihm für jene Reliquien errichteten
Schrein als Inſchrift beſtimmte:

> Martyris ergo sacri dudum huc transtulit ossa
> Ferrutii Lullus praesul et Urbis honor.
> Riculphus post haec, Haistulphus praesul et ipse.
> Amplificant aulam, aedificant tumulum.
> Quorum successor vilis Rabanus, ad instar
> Majorum, hanc arcam condidit et titulum [1]).

Wahrſcheinlich in ſeinem letzten Lebensjahre wohnte der achtzig=
jährige Greis, nach der Lebensbeſchreibung des heiligen Burchard, noch
einem kirchlichen Akte bei, durch welchen ſein Freund Magingoz von
Würzburg bei Niederlegung ſeiner Würde ſich ſelbſt noch den Nach=
folger in der Perſon Bernwelfs weihte. Zum letzten Mal ſah Lull
auch bei dieſer Gelegenheit den einſtigen Genoſſen, den Biſchof Willi=
bald von Eichſtedt [2]).

Nur wenige Jahre vor ſeinem Tode erhielt Lull, wie ſchon oben
erwähnt [3]), noch das Pallium [4]) und ſah überhaupt ſein Streben an=
erkannt. Doch konnte ihn die Freude darüber nicht geſund machen, im
Gegentheil, er dachte daran, in ein Kloſter ſich zurückzuziehen, um ſich
dort der aufmerkſamen und geſchickten Pflege der Mönche anzu=
vertrauen [5]).

Will uns Hersfeld als das Kloſter erſcheinen, in welchem Lullus
die beſte Pflege erwartete, ſo erzählt jener Biograph Lulls aus dem
Hersfelder Kloſter [6]), daß Lull in Erwartung ſeines Endes ſich nach
Hersfeld habe begeben wollen und als Begleiter dorthin ſeinen Freund
Albinus von Buraburg nach Mainz berufen habe. Dieſer ſei hier
plötzlich nach Abhaltung einer ihm übertragenen Meſſe geſtorben und
Lull habe die Leiche nach Hersfeld überführt. Hier ſei auch er bald

---

[1]) Will, Regeſten S. 70 und 40.
[2]) Abel, S. 425; vgl. Will, S. 44.
[3]) S. 29 ff.
[4]) Jedenfalls erſt nach dem 8. März 780 (ſ. oben S. 30 u. 28, N. 3);
aber erſt am 4. Juli 782 erſcheint Lull nachweisbar als Erzbiſchof (Sickel,
A. K. 91, S. 42). Erſt von jetzt an iſt mit Mainz die Würde eines
Metropoliten feſt verbunden.
[5]) Jaffé, ep. 130, p. 296; daß der Abt Wiebertus, welcher dieſen Brief
ſchrieb, durch den Lull (nach vorausgegangener Anfrage) zum Kommen einge=
laden wurde, dem Kloſter Fritzlar vorgeſtanden habe (Rettberg 1, S. 578),
will nicht recht glaublich erſcheinen, wenn man bedenkt, daß Lulles war, welcher
das Kloſter Fritzlar ſeiner koſtbaren Reliquien beraubte. S. oben S. 46 f.
[6]) Vgl. Abel, S. 444, N. 5 S. o. S. 4.

erkrankt und gestorben. Sein Tod erfolgte am 16. Oktober des Jahres 785[1]), und das von ihm gestiftete Kloster wurde seine Ruhestätte[2]).

Es wird uns nicht erzählt, welchen Eindruck der Tod des Erz= bischofs von Mainz auf die Gemüther der Menschen machte, aber gewiß ist, daß Lullus von vielen betrauert wurde, von Allen, denen er im Leben nahe stand. War er doch schon in seiner Jugend, noch drüben im Kloster, beliebt bei seinen Genossen. Dort schloß er wohl manche Freundschaft und noch später, als er schon Bischof war, sollte er an diese glückliche Zeit der Jugendfreundschaften erinnert werden durch den Brief eines damaligen Genossen[3]), welcher auch nicht vergessen hatte, daß Lull — wie schon oben[4]) erwähnt — Liebling des Abtes Eaba war und von diesem nur „Kleiner" gerufen wurde. Die Liebe, welche Lull erfahren, bethätigte er später an andern. Bonifatius hatte seinem Nachfolger noch vor seiner Abreise nach Friesland seine Verwandte, die fromme Lioba empfohlen[5]), und wenn auch manche Sorge Lull be= lastete, so vergaß er doch nicht den Auftrag seines Meisters. Er schreibt[6]) an Lioba, er gedächte immer ihrer Angelegenheiten und werde

---

[1]) Sickel, Beiträge 4, S. 44. Vgl. Hahn, Forschgg. XV. S. 90. Mit diesem Jahre stimmen auch die Angaben der Annalen, daß Lullus 32 Jahre Mainzer Bischof gewesen sei, nämlich von 753—785.

[2]) Im Jahre 852 wurden die Gebeine Lulls in die neue Kirche, und als diese 1037 abbrannte, im Jahre 1040 sammt Wigberts Reliquien in eine neu erbaute Gruft übertragen. Aber auch in andern Kirchen zeigt man Reliquien Lulls (Abel, S. 445 f.).

[3]) Jaffé, ep. 133, p. 300.

[4]) S. 5.

[5]) vita S. Liobae bei Mabillon, l. c., p. 256.

[6]) Jaffé, ep. 97, p. 245, welche ihrem Inhalte nach viel später, als dies Jaffé thut, der für sie die Zeit zwischen 732 u. 755 annimmt, zu setzen ist, jedenfalls nach 755. Lull schrieb wohl kaum als Diacon oder Presbyter: tantum diabolicae fraudis astutia praeoccupatum atque ministrorum eius sub- dola insectatione fatigatum scias, ut iuxta profetae dictum tedeat me vitae meae propter filios nequitiae und am Schlusse: intercedens pro me tanto enixius quanto graviore angustia deprimor. Auch paßt die Fürsorge Lulls für Lioba: neque in tuis necessitatibus fessum me esse ullo modo autumes, nur auf eine selbständige Stellung des Schreibers. Endlich standen wohl dem Bischof Lull, nicht aber dem Diacon oder Presbyter, Diaconen zur Verfügung, in Betreff deren er an Lioba schreiben konnte: suggere illi (dia- cono Gundwino), ut in laboribus meis non lassescat; quia valde rarus est, qui tribulationes meas mecum participare velit. — Eine Bestätigung meiner Ansicht über die Abfassungszeit von ep. 97 finde ich nachträglich in Acta SS. Boll l. c. p. 1057, woselbst die Zeit des Streites zwischen Lull und Sturm als die für die tribulationes passendste angenommen wird. —

Auch scheint mir die folgende Stelle des Briefes der Verbesserung bedürftig: Illa paupertas patienter ferenda est, eodem evangelista testante, qui ait: In patientia vestra possidebitis animas vestras. Illud Daviticum corde retinens (Jaffé bemerkt hierzu: sic codd.), quia secundum multitudinem

für alle ihre Bedürfnisse Sorge tragen. Diese Sorge zu bethätigen, wurde Lull noch näher gelegt, als gegen Ende ihres Lebens[1]) die Aebtissin von Bischofsheim mit seiner Bewilligung nach Schornsheim, vier Meilen südlich von Mainz, übersiedelte[2]).

Sogar für das Kloster Fulda, welches ihm durch jenen Streit mit Sturm verleidet sein mochte, ist Lullus — allerdings erst nach seines Gegners Tode — thätig. Er selbst beschenkt das Kloster und ver= anlaßt andere zu Vergabungen an dasselbe[3]). Wenig verträgt sich mit diesem versöhnlichen Charakter die Angabe Eigils[4]), des Biographen Sturms, daß Lullus nur aus Neid der Gegner des Abtes von Fulda, dessen guter Ruf ihm mißfallen habe, gewesen sei; ebensowenig jene, daß durch des Mainzer Bischofs hinterlistige Bestrebungen Sturm vom König seines Amtes als Abt enthoben worden sei, und daß derselbe nur Geschenken; an einflußreiche Personen des königlichen Hofes ver= theilt, es zu verdanken gehabt habe, wenn ihm das Kloster Fulda unter= stellt wurde. Hört man in Eigils Darstellung den Anhänger Sturms und den erbitterten Gegner Lulls[5]), so läßt sich allerdings das Ver= fahren des letzteren bei der Ueberführung der Gebeine Wigberts von Fritzlar nach Hersfeld[6]) nur durch die in damaliger Zeit wenig vor= handene Gewissenhaftigkeit, wenn es sich um Erwerbung von Reliquien handelte, entschuldigen. Auch von einer gewissen Selbstgerechtigkeit, einem gefälligen Beschauen der eignen Frömmigkeit, die ja Gottes halber alle Drangsale erduldet[7]), ist Lullus nicht ganz freizusprechen, findet man auch diesen Zug bei den Frommen jener und aller Zeiten häufig. Und dieser Drangsale mußten nicht wenig sein, wenn, wie man liest, die Erde als ein Jammerthal aufgefaßt werden konnte[8]). Um so weniger freilich wundert uns die Strenge, mit welcher Lull, sowie andere Kirchenfürsten, alles weltliche Treiben seiner Untergebenen ahndete[9]). Auch das Streben nach irdischem Besitz erscheint verächtlich;

dolorum tuorum consolationes Dei lactificaverunt animam tuam. Die Aenderung retin eas (für retinens) dürfte am einfachsten den Sinn herstellen.
1) Lioba starb am 28. Sept. 780.
2) vita p. 257.
3) Rettberg 1, S. 609. Diese Schenkungen werden von Will, Regesten S. 43 n. 74 als unecht bezeichnet. Sturm starb am 17. Dec. 779.
4) vita Sturmii bei Mab. l. c. p. 279.
5) Vgl. Oelsner, S. 389; s. oben S. 18 f.
6) S. oben S. 46 f.
7) Jaffé, ep. 111, p. 273; s. oben S. 8.
8) ep. 129, p. 296.
9) S. oben S. 40.

galt doch sogar ein Bischofsstuhl als ein solcher[1]). Dem entsprechen auch die Bedingungen bei Besetzung von geistlichen Stellen. Nicht nach äußern Gründen, nach Ansehn der Person, nach Vortheilen, die man sich von ihr versprach, richteten sich hierbei die Vorsteher der Kirche, sondern die Würdigkeit, die Eigenschaften des Charakters allein wirkten entscheidend bei solch wichtigen Fragen. Man hatte noch das Wohl der kirchlichen Anstalt, das Wohl der andern und nicht nur sein eignes im Auge[2]).

Der Gedanke an andere war es gewiß auch, welcher Lull gegen Ende seines Lebens[3]) veranlaßte, den Presbyter Willibald zur Abfassung einer Biographie des Bonifatius zu bestimmen. Zu Nutz und Frommen aller, die sie lasen, sollte sie dienen; aus dankbarem Gemüt ging sie hervor, und durch seine Anregung hat Lull seiner eignen pietätvollen Gesinnung ein Denkmal gesetzt[4]). Und hätte er nichts geleistet als dies, so verdiente sein Name in der Geschichte aufbewahrt zu werden.

Vergegenwärtigen wir uns noch einmal die Persönlichkeit des Lullus, so ist klar, wie falsch es sein würde, ihn den Nachfolger des Bonifatius im tieferen Sinn des Wortes zu nennen. Er verwaltet nur das Bisthum, welches vor ihm dem Bonifatius unterstellt war. Nicht denken dürfen wir an die große Wirksamkeit, an die durch-

---

[1]) S. oben S. 8.

[2]) S. oben S. 39; vgl. Rettberg 2, S. 332.

[3]) Schon Oelsner S. 490 weist darauf hin, daß kein evidenter Beweis für die Abfassung der vita Bonif. v. Willibald zu Lebzeiten des Königs Pippins vorhanden sei. Folgende Ueberlegung führt uns sogar in die letzten Lebensjahre Lulls. Es ist gewiß auffallend (Wattenbach, Geschichtsquellen, 4. Aufl. S. 112), daß in der Biographie Angaben über Fulda fast ängstlich vermieden sind. Es fehlt die Erzählung der Gründung dieses Klosters, die Darlegung des engen Verhältnisses, in welchem Bonif. zu seiner Lieblingsstiftung stand, ist übergangen, und auch der Streit bei der Beerdigung des Märtyrers ist mit keinem Worte erwähnt. Kommt aber Fulda in der Erzählung Willibalds vor, so geschieht es in einer Weise, welche die freundschaftlichste Gesinnung des Verfassers und daher auch seines Vorgesetzen (Passio Bonifatii bei Jaffé; p. 481: ... primitus in ceratis tabulis ad probationem domni Lulli et Megingaudi) voraussetzt (s. oben S. 15 f.). Dies auffallende Bestreben aber, den möglichst versöhnlichen Ton anzuschlagen und alles, was irgend zur Wiederaufreizung der Gemüther dienen könnte, zu vermeiden, paßt gewiß am besten in die Zeit nach dem Tode Sturms (17. Dec. 779 nach Rettberg 1, S. 624), welcher noch auf dem Sterbebette Lull als seinen steten Gegner bezeichnete (ein Zeichen, daß Lull seinen Standpunkt dem Kloster gegenüber nie aufgab.) Denn jetzt mußte dem Erzbischof von Mainz daran liegen, die Mönche in Fulda nicht gegen sich zu erbittern, um wenigstens das eine Ziel: Wahrung seiner Bischofsrechte über das Kloster, ohne weitere Kämpfe zu erreichen (s. oben S. 31).

[4]) Hahn, Forschgg. S. 105 und 112 vermuthet wohl mit Recht in Lull auch den Sammler der Briefe des Bonifatius; vgl. oben S. 26 f. u. S. 36.

schlagenden Erfolge der Missionsthätigkeit dieses letzteren, nicht an die größere organisatorische Bedeutung desselben, durch welche er in enge Beziehung tritt zu den fränkischen Fürsten, welche ihn für den Papst von eminenter Wichtigkeit sein läßt. Nur in untergeordneter Weise kann Lull an der Gesetzgebung, an der Gestaltung der kirchlichen Verhältnisse des großen Reiches Antheil gehabt haben. Nicht er ist der Leiter der Synoden, nicht ihn beauftragt der Papst mit seiner Vertretung. Ein anderer ist es auch, von dessen neugestaltendem Wirken uns die Kirchengeschichte jener Jahre berichtet, dessen Satzungen die folgenden Zeiten gehorchen. Ein anderer wird der Apostel der Sachsen genannt, und dieser, nicht Lull, greift in die politischen Verhältnisse der ostrheinischen Länder ein.

Gewiß, der ganze Bonifatius ist nicht nach seinem Tode durch eine Person ersetzt worden. Aber welche Seite des großen Mannes vertritt Lull? Es ist, wie ich zu zeigen bemüht gewesen, die im Innern aus- und weiterbauende Kraft, welche Lull ausübt, er sucht das von seinem Meister Geschaffene zu befestigen, soweit sein Einfluß reicht. Wird er, der Angelsachse, in diesem Streben durch die nationale Strömung des westlichen Frankenreichs, welche in jenen Tagen auch die kirchlichen Verhältnisse beeinflußte, gehemmt, so sucht er um so mehr nach dem Osten seine Aufgabe durchzuführen. Wenig ist zwar bekannt über diese seine Thätigkeit, aber das Wenige zeigt ebenso die unnachsichtliche Handhabung der canonischen Bestimmungen wie die consequente Durchführung seiner moralischen Grundsätze. Die Achtung und das Vertrauen der höheren Geistlichen sowie die Unterstützung des großen Königs konnten ihm deshalb bei Durchführung seiner Pläne nicht fehlen.

Tritt der Erfolg solcher im Stillen wirkenden, nach Vervollkommnung strebenden Naturen nicht sofort zu Tage, so kann doch ihrem stetigen, ruhigen Fortarbeiten eine schließliche Anerkennung nicht versagt bleiben.

Der Unterzeichnete wurde am 7. Sept. 1849 in Ebenhards bei Hildburghausen, woselbst sein Vater Pfarrer war, geboren. Da letzterer nach Wernshausen versetzt wurde, besuchte der Unterzeichnete zunächst hier die Dorfschule, kam aber 1862 auf das Gymnasium in Meiningen. Nachdem dasselbe ihn entlassen hatte, studirte er mit einer durch den Feldzug veranlaßten Unterbrechung in Jena und Leipzig Theologie. Im Mai 1874 bestand er in Meiningen die theologische Staatsprüfung und im Juli 1876 von Roßwein aus, woselbst er von Ostern 1875—77 die Oberlehrerstelle an der 1. Bürgerschule verwaltete, das pädagogische Examen in Leipzig. Seit Ostern 1877 ist derselbe als erster Lehrer an der höheren Mädchenschule in Eisenach thätig.

A. Göpfert.